Grundlegende Fußballfähigkeiten

Für Kinder

Chest Dugger

Inhaltsverzeichnis

Inhaltsverzeichnis

Inhaltsverzeichnis 2

Kostenloses Geschenk inklusive 3

ÜBER DEN AUTOR 4

HAFTUNGSAUSSCHLUSS 6

Einführung 8

Grundlegende Kontrollfähigkeiten 13

Passfähigkeiten 42

Offensive Fähigkeiten 66

Dribbelfähigkeiten 100

Lernen Sie Fußball, indem Sie fernsehen 115

Ein Kapitel für Eltern 125

Schlussfolgerung 137

Kostenloses Geschenk inklusive

Als Teil unseres Engagements, Ihnen zum Erfolg in Ihrer Karriere zu verhelfen, haben wir Ihnen ein kostenloses Arbeitsblatt für Fußballübungen geschickt. Dies ist das Übungsblatt „Fußballtrainings-Arbeitsblatt". Dies ist eine Liste von Übungen, mit denen Sie Ihr Spiel verbessern können. sowie eine Methode, mit der Sie Ihre Leistung bei diesen Übungen täglich verfolgen können. Wir möchten Sie auf das nächste Level bringen.

Klicken Sie auf den Link unten, um Ihr kostenloses Übungsarbeitsblatt zu erhalten.

https://soccertrainingabiprod.gr8.com/

ÜBER DEN AUTOR

Chest Dugger ist ein Pseudonym für unsere Fußballtrainermarke Abiprod. Wir bieten hochwertige Fußballtrainingstipps, Übungen, Fitness- und Mentalitätstipps, um Ihren Erfolg sicherzustellen.

Wir sind seit Jahrzehnten Fans dieses schönen Spiels. Wie jeder Fußballfan auf der ganzen Welt schauen und spielen wir das wunderbare Spiel so oft wie möglich. Ob wir Fans von Manchester United, Real Madrid, Arsenal oder LA Galaxy sind; wir teilen die gemeinsame Liebe zu diesem schönen Spiel.

Aufgrund unserer Erfahrungen haben wir festgestellt, dass es für den normalen Fußballfan, der sein Spiel auf die nächste Stufe bringen möchte, nur sehr wenige Informationen gibt. Oder für den, der seine Kinder auf den Weg bringen will. Zu viele Informationen im Internet und außerhalb sind zu einfach gehalten.

Da wir eine Leidenschaft für das Spiel haben, möchten wir die Botschaft so vielen Menschen wie möglich vermitteln. Durch unseren Fußballtrainer-Blog, unsere Bücher und Produkte; unser Ziel ist es, der Welt qualitativ hochwertiges Fußballtraining anzubieten. Jeder, der sich für dieses schöne Spiel begeistert, kann unsere Taktiken und Strategien nutzen.

Hier ist ein Link zu unserer Autorenseite für andere Bücher.

[Chest Dugger Author Page](#)

HAFTUNGSAUSSCHLUSS

Copyright © 2023

Alle Rechte vorbehalten

Kein Teil dieses E-Books darf ohne vorherige schriftliche Genehmigung des Autors in irgendeiner Form übertragen oder reproduziert werden, sei es in gedruckter Form, elektronisch, durch Fotokopieren, Scannen, mechanisch oder als Aufzeichnung.

Obwohl der Autor die größtmögliche Anstrengung unternommen hat, um die Richtigkeit des geschriebenen Inhalts sicherzustellen, wird allen Lesern empfohlen, die hierin genannten Informationen auf eigenes Risiko zu befolgen. Der Autor kann nicht für persönliche oder kommerzielle Schäden verantwortlich gemacht werden, die durch die Informationen verursacht werden. Allen Lesern wird empfohlen, bei Bedarf professionellen Rat einzuholen.

Einführung – Welche Fähigkeiten müssen zuerst entwickelt werden?

Fußball ist der beliebteste Mannschaftssport der Welt. Es ist perfekt für Kinder zum Spielen. Er ist sicher, einfach und die erforderlichen Fähigkeiten können leicht erworben werden. Um ein erfahrener Spieler zu werden, sind ein hohes Maß an Engagement, natürliche Athletik und angeborene Fähigkeiten erforderlich. Jedes Mädchen und jeder Junge kann den Sport ausüben und Spaß auf seinem eigenen Niveau haben.

Aus diesem Grund verbreitet sich das Spiel in den USA so schnell. Und deshalb wächst der Bedarf an Trainern und Spielern kontinuierlich und rasant. Denn wer würde seinen Kindern nicht die Chance ermöglichen, sich körperlich fit zu halten, ihre natürliche Wettbewerbsfähigkeit auf organisierte Weise zu kanalisieren und auf produktive und lohnenswerte Weise beschäftigt zu bleiben? Darüber hinaus fördert Fußball Geschicklichkeit, Problemlösung, Zusammenarbeit, Freundschaft, Respekt, Selbstdisziplin, Teamgeist und Sportsgeist. All das sind Lebenskompetenzen, die man sich am besten in jungen Jahren aneignen kann.

Aber es gibt für Jugendliche, die Fußballer auf einem guten Vereinsniveau werden wollen, so viel zu lernen. Schießen, verteidigen, vordringen, passen, den Ball kontrollieren, die Spielregeln (sogar Profis haben hin und wieder Probleme mit der Abseitsregel, und, so scheint es manchmal, auch die Schiedsrichter selbst). Und was noch wichtiger ist: Kinder müssen die Essenz des Fußballs kennenlernen. Fairplay und der oben erwähnte Sportsgeist. Dies gilt insbesondere für die heutigen Jugendlichen, die dem Druck ausgesetzt sind, in einer herausfordernden Welt aufzuwachsen, die von den Zwängen des Konsums und der sozialen Medien geprägt ist.

Dieses Buch bietet Ratschläge und Tipps für Trainer und Eltern, die jungen Menschen dabei helfen wollen, erfolgreiche Spieler zu werden. Es hilft ihnen auch, „Erfolg" zu definieren, sei es, dass sie ein paar Stunden pro Woche mit Freunden verbringen, um sich in einer unterhaltsamen Umgebung körperlich fit zu halten, oder dass sie die akademischen Stufen durchlaufen und vielleicht sogar das ultimative Ziel erreichen, Profi zu werden. Das Buch enthält zahlreiche Übungen, Schlüsselkompetenzen und einen Blick darauf, wie sich die kindliche Entwicklung auf den Fortschritt junger Teilnehmer als Spieler auswirkt. Daher ist es eine unverzichtbare Lektüre für angehende Trainer oder Eltern, deren Kind anfangen möchte, für eine Mannschaft zu spielen. Es bietet neue Ideen für erfahrene Trainer und Übungen, die an die Bedürfnisse von Spielern und Teams angepasst werden können.

Wir betrachten Offensiv- und Defensivspiele im Detail. Wir berücksichtigen die Grundlagen der Kontrolle. Wir befassen uns mit

Dribbling-Fähigkeiten, der mentalen Seite des Spiels und haben ein spezielles Kapitel für Eltern.

Wir betrachten auch die erheblichen Vorteile, die die Fernsehberichterstattung jungen Spielern bieten kann, indem sie ihre Begeisterung für das Spiel wecken und ihnen gleichzeitig die Möglichkeit geben, von den größten Vertretern des Spiels zu lernen.

Vor allem legen wir Wert darauf, dass man Spaß daran hat. Die vorgeschlagenen Übungen machen Spaß, die Vorteile des Matchplays werden betont. Manchmal kann Fußball etwas zu ernst werden (und was tappt im Leben nicht manchmal in diese Falle?). Trainer und Funktionäre im Sport vergessen trotz der besten Absichten, dass die jungen Teilnehmer des Sports genau das sind. Jung. Es ist schön und gut, die geplante Entwicklung auf künftige Nationalmannschaften zu konzentrieren, aber ein vernachlässigbarer Prozentsatz der Teilnehmer wird jemals auch nur annähernd auf diesem Niveau spielen können.

Das Wichtigste am Fußball ist, dass alle Spieler Freude daran haben. Wären der junge Neymar oder Hazard die Spieler geworden, die sie heute sind, wenn das Fußballtraining eine unerfreuliche Pflicht gewesen wäre? Mit ziemlicher Sicherheit nicht.

Und was Kinder am meisten lieben, ist das Laufen, Schießen, Feiern und Wettkämpfe. (Anmerkung: Nicht immer gewinnen zu wollen, ist eine viel erwachsenere Perspektive. Kinder, die es hassen, zu verlieren, lernen diese Eigenschaft von den Erwachsenen um sie herum. Zu gewinnen ist schön, aber ebenso auch zu verlieren, besonders wenn wir aus dieser Erfahrung einen Gewinn ziehen können.)

Wenn wir jungen Spielern die Möglichkeit geben, Freude am Fußball zu haben und dabei zu besseren Menschen zu werden, dann haben wir glückliche Kinder. Wer könnte mehr verlangen?

Grundlegende Kontrollfähigkeiten

Spanien gegen England. Der neu eröffnete Nationenpreis. Es ist ein Spiel, das England unbedingt gewinnen muss, aber die Chancen stehen schlecht. Der Ballbesitz wird tief in der englischen Hälfte erkämpft und der Ball wird früh und weit geschlagen.

Es ist nicht die beste Taktik, insbesondere gegen eine gut organisierte Verteidigung, die sich nicht zu sehr nach vorne engagiert. Spanien hat zwei Verteidiger zurückbehalten, um der Bedrohung durch Englands einzigen Stürmer Harry Kane standzuhalten. Kane war in einer guten Form, er gewann den Goldenen Schuh bei der Weltmeisterschaft und gilt als einer der besten Neuner der Welt. Aber hier ist er isoliert.

Die erste Phase seines Schaffens hat einen Hauch von Glück. Als er sich auf das Tor zubewegt, wird er schwer getroffen und der Ball fällt an seinen Fußrücken. Aber von da an ist Kanes Arbeit ausgezeichnet. Da ihm bewusst ist, dass er Gefahr läuft, den Ball zu verlieren, dreht er sich schnell um und bringt sich in Position. Sein erster richtiger Ballkontakt nimmt den Ball von seinen Verteidigern weg, macht aber nicht alle Vorwärtsbewegungen des Angriffs zunichte. Der zweite Angriff reicht aus, um einen Verteidiger heranzuziehen und etwas Platz hinter ihm zu schaffen.

Seine Ballkontrolle hat es auch einem anderen Teamkollegen ermöglicht, zur Unterstützung nach vorne zu rennen. Kanes dritter Ballkontakt ist ein wunderschön gewichteter Pass, der diesen Teamkameraden ins Spiel bringt und es dauert nur einen weiteren Ballkontakt, bis der Ball im Netz landet. Alles wurde möglich, weil ein hoffnungsvoller Pass nach vorne mit technischer Exzellenz und Weitsicht kontrolliert wurde.

Beim Fußball ist die Kontrolle über den Ball das A und O. Scouts achten vor allem auf diese Fähigkeit, wenn sie das Potenzial eines jungen Spielers einschätzen. Es ist die Eigenschaft, die zu qualitativ hochwertigen Pässen, Schüssen und Dribblings führt.

Es gibt eine Reihe von Abschnitten, um den Ball zu kontrollieren, alle sind wichtig und auch wenn das Üben dieser Abschnitte vielleicht nicht ganz so viel Spaß macht wie das Schießen oder Dribbeln, wird die Zeit, die man für jeden Aspekt aufwendet, erhebliche Belohnungen bringen.

Den Druck kontrollieren

Die genaue Methode zur Erlangung der Kontrolle hängt in gewissem Maße davon ab, wie viel Zeit dem Empfänger bleibt, bevor er angegriffen wird. Ebenso muss gut entschieden werden, ob sich der Empfänger auf den Ball zubewegt, an der gleichen Stelle bleibt oder sich vom Ball wegbewegt. Im Allgemeinen ist es am besten, sich auf den Ball zuzubewegen, und dies ist eine gute Standardposition. Allerdings ist es nicht immer die stärkste Option.

Schauen wir uns die Informationen an, die ein Spieler verarbeiten muss, um seine Entscheidung zu treffen.

Sich auf den Ball zubewegen: Normalerweise maximiert dies die Zeit am Ball und nimmt den Druck vom ersten Ballkontakt weg, worauf wir später in diesem Kapitel noch näher eingehen werden. Dadurch wird auch die Wahrscheinlichkeit verringert, dass ein Pass vom Gegner abgefangen wird, und der Ball kann schnell weiterbewegt werden. Das Tempo eines Angriffs ist oft entscheidend, um Chancen zu schaffen und Tore zu erzielen. Die Entscheidung, sich vorwärts und auf den Ball zuzubewegen, wird von folgenden Faktoren bestimmt:

- Besteht die Gefahr des Abgefangenwerdens?
- Habe ich mehr Zeit am Ball, wenn ich mich auf ihn zubewege?
- Sehe ich einen Pass, der schneller ausgeführt wird, wenn ich mich zum Ball hinbewege?

- Weiß ich, ob sich Gegner in der Nähe befinden?

Top Tipp – *Kleinere Kinder wollen oft eher dribbeln als passen. Dies ist der Zustand ihrer emotionalen Entwicklung, in dem das „Es" vorherrscht. Veranstalten Sie ein Rennen, die Kinder gegen den Ball. Dadurch erkennen sie, dass sich der Ball schneller bewegt, als sie laufen können.*

Auf den Ball warten: Dies ist die Entscheidung, die getroffen werden muss, wenn die Absicht besteht, den Ball anzunehmen und mit einem Dribbling oder einem Pass, der das Spiel wechselt, nach vorne zu drängen. (Mit „Spielwechsel" meinen wir, den Ball schnell von einer Seite des Spielfelds zur anderen zu bewegen, normalerweise mit nicht mehr als zwei oder drei Pässen.) Die Spieler entscheiden, ob sie einen Ballkontakt ausführen oder ob der Winkel und das Tempo des Passes korrekt sind und sie Zeit haben, den Ball weiterlaufen zu lassen und mit einem Dribbling oder einem ersten Pass weiterzumachen.

- Habe ich Zeit?
- Wird die Bewegung in Richtung des Balls meine Möglichkeiten einschränken, wenn ich die Kontrolle über den Ball übernehme?

Sich vom Ball wegbewegen: Dies ist die am wenigsten verbreitete Option, kann jedoch verwendet werden, wenn der Pass lang ist und die Position geändert werden muss, um den Ball am einfachsten kontrollieren zu können.

- Wird der Pass vor mir abprallen, über meinen Kopf hinweggehen oder an mir vorbeigehen, bevor ich ihn erreichen kann?
- Handelt es sich um einen langen Pass, den ich mit dem Kopf ausführen kann?

Solche Entscheidungen zu treffen, wird durch Übung zur zweiten Natur, aber zwei Übungen können dabei helfen, diesen Instinkt zu entwickeln. Die Übungen sollten darauf abzielen, die Manöver instinktiv zu machen. Die eine beinhaltet einen einfachen Blick über die Schulter, während der Ball eingespielt wird, die zweite ist etwas technischer und zielt darauf ab, die periphere Sicht zu entwickeln. Je besser diese ist, desto weniger Zeit verbraucht der Spieler ohne Sichtkontakt zum Ball.

Kontrollübung – der Blick

In dieser Übung und in jedem der folgenden Diagramme verwenden wir den folgenden Schlüssel:

- Weißer Kreis – Überwiegend offensives Team;
- Schwarzer Kreis – Überwiegend defensives Team;
- Kleiner grauer Kreis – Ball;
- Dicker weißer Pfeil – Bewegung des Balls;
- Schmaler schwarzer Pfeil – Bewegung von Offensivspielern;
- Dicker schwarzer Pfeil – Bewegung von Defensivspielern;
- Box – Raster, nicht maßstabsgetreu.
- Graue Ovale (verschiedene Größen) – Zusätzliche Tore, Kegel usw.
- Wir haben Diagramme verwendet, bei denen wir der Meinung sind, dass eine bildliche Anleitung die Übung klarer macht. Andere sind äußerst unkompliziert (aber nicht weniger effektiv) und können besser durch bloße Worte kommuniziert werden.

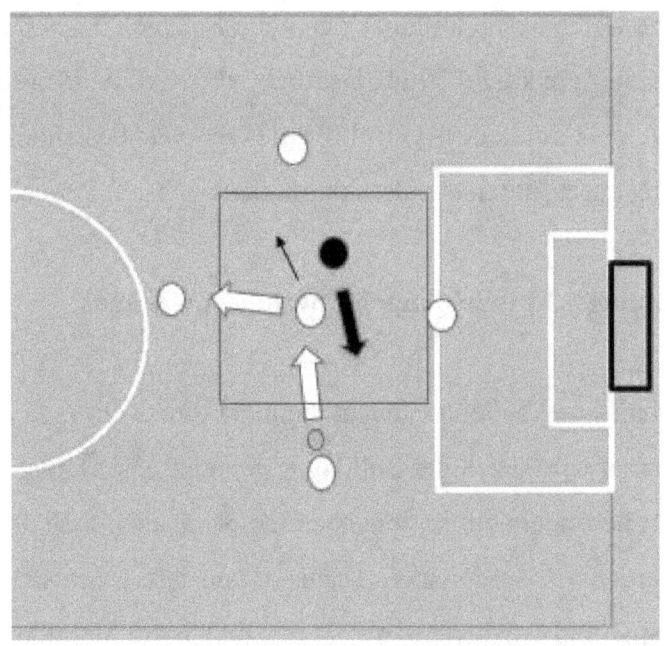

In „Der Blick" wird ein einfaches 10 x 10 m großes Raster aufgebaut. Es gibt fünf Offensivspieler und einen Defensivspieler. Wenn sich die Fähigkeiten verbessern, kann ein zweiter Defensivspieler hinzugefügt werden. Bei der Übung geht es darum, das Bewusstsein der Spieler für die ihnen zur Verfügung stehende Zeit zu schärfen. Der Ball wird zum angreifenden Spieler in der Startaufstellung gespielt, der den Ball mit zwei Ballkontakten einem Mitspieler zuspielen und sich dann vom defensiven Spieler entfernen kann. Anschließend wird der Ball zurückgespielt und die Übung fortgesetzt.

Der zentrale Offensivspieler muss sich beim Einspielen des Balls umschauen, nur ein kurzer Blick. Dadurch wird ihm die Bewegung des Abwehrspielers mitgeteilt. Die Rolle dieses Spielers besteht nicht darin, ein Tackling auszuführen, sondern darin, den nächsten Pass abzufangen.

Kontrollübung – Entwicklung des peripheren Sehens

Eine unterhaltsame, beliebte Übung, die nicht direkt mit Fußball zu tun hat. Manchmal wird das Spiel Bulldogge genannt. Die Übung funktioniert besonders gut im Innenbereich, kann aber auch draußen gespielt werden. Es werden zwei Teams organisiert. Es entsteht ein schmales Spielfeld von etwa 6 m x 20 m. Die Übung funktioniert am besten mit einer großen Gruppe von Spielern, aber das Spielfeld kann verkleinert werden, wenn nur wenige Spieler zur Verfügung stehen.

Eine Mannschaft stellt sich auf beiden Seiten des Spielfelds auf (oder, wenn drinnen, könnte eine Seite die Wand sein, was die zusätzliche Herausforderung durch Abpraller mit sich bringt). Sie sind mit einer großen Anzahl leichter Gummi- oder Schwammbälle bewaffnet. Team zwei muss von einem Ende des Spielfelds zum anderen gelangen, ohne von einem der Schwammbälle getroffen zu werden.

Sobald sie getroffen sind, schließen sie sich dem „Wurf"-Team an. Das Spiel geht weiter, bis es einen Gewinner gibt – den letzten „unberührten" Spieler. Anschließend tauschen die Teams.

Das große Ganze sehen

Sobald die Spieler automatisch entscheiden, wo sie sich positionieren, um den Ball zu erhalten, besteht der nächste Schritt darin, unser junges Team dazu zu bringen, das Gesamtbild zu sehen. Obwohl es hier als eigenständige Fähigkeit beschrieben wird, geschieht die Entscheidung, was mit dem Ball geschehen soll, in Wirklichkeit fast gleichzeitig mit der Entscheidung, ob man wartet oder sich auf den Pass zu oder von ihm wegbewegt.

Die Hauptpriorität liegt in der Ballbesitzhaltung, die durch die oben genannten Entscheidungen erreicht wird. Als nächstes geht es darum, was zu tun ist, wenn der Ballbesitz erhalten bleibt. Dabei handelt es sich um eine viel größere Entscheidung, die eine Reihe weiterer Entscheidungen beeinflusst. Wo der Ball empfangen werden soll, welche Körperhaltung eingenommen werden soll und mit welchem Körperteil der Ball kontrolliert werden soll, sind alles Dinge, die nach der Entscheidung darüber, wohin der Ball als nächstes gehen soll, ausgewählt werden.

Ohne zu sehr auf die kindliche Entwicklung eingehen zu wollen, ist es wichtig zu verstehen, wie Kinder die Welt wahrnehmen. Bis zum Alter von etwa fünf bis sechs Jahren geschieht dies völlig aus ihrer eigenen Sicht. Daher ist es für dieses Alter so gut wie unmöglich, sie dazu zu bringen, zu entscheiden, ob es das Beste ist, den Ball zu passen, zu dribbeln oder zu klären. Denn sie sehen das Spiel nur aus ihrer eigenen Perspektive, nicht aus der der Mannschaft. In diesem Alter ist es viel besser, an den Fähigkeiten zu arbeiten.

Wenn Kinder älter werden, erkennen sie zwar die Vorteile des Teamplays, allerdings immer noch aus einer ungewöhnlichen Perspektive. Wer regelmäßig trainiert oder zuschaut, wird feststellen, dass Spieler bis zum Alter von etwa 11 oder 12 Jahren überproportional an ihre besten Freunde im Team oder an die Spieler, die sie für die Besten halten, passen. Sie tun dies auch dann, wenn andere Teamkollegen möglicherweise besser platziert sind.

Dieses Verhalten kann auf jeden Fall ab dem 8. oder 9. Lebensjahr in Frage gestellt werden, aber der Trainer sollte verstehen, dass es ein Entwicklungsfaktor ist, der dies verursacht, und nicht mangelndes Fußballbewusstsein.

Eine gute Möglichkeit, Jugendlichen dabei zu helfen, den Überblick zu behalten, ist die Nutzung von Videoclips und Highlights von Spielen. Diese sind praktisch, da sie angehalten werden können, um einen Punkt zu veranschaulichen. Highlights sind nützlich, weil sie auch eine schlechte Entscheidungsfindung sowie große individuelle Fähigkeiten zeigen (die in der Regel im Mittelpunkt von Clips stehen). Für junge Spieler ist es ebenfalls gut zu sehen, dass auch Profis auf dem höchsten Spielniveau Fehler machen und dass dies ein wertvoller Lernprozess ist.

Nicht jeder Trainer hat Zugang zu einem Clubhaus mit Fernseher oder Monitor, aber es können Laptops verwendet werden, und Eltern könnten es ihren Kindern auch zuhause zeigen, vielleicht mit einer Liste offener Fragen, die die Kinder zum Nachdenken anregen.

Sofern wir kein älteres oder besonders talentiertes Jugendteam trainieren, ist es am besten, diese Einheiten nicht als „Taktiktraining" zu bezeichnen, was viele Kinder als langweilig empfinden. Halten Sie die Einheiten lieber kurz, höchstens fünf Minuten, und verkaufen Sie sie auf der Grundlage der Präsentation eines Tores oder der Auswahl einiger Highlights aus einem großen Spiel.

Anschließend unterbricht der erfahrene Trainer die Aufzeichnung an verschiedenen Stellen und hebt die Entscheidungen hervor, die die Spieler bei der Ballannahme treffen. „Warum?"-Fragen regen Kinder zum Nachdenken an. „Warum hat Messi auf diesen Pass gewartet?" „Warum hat Özil nicht beim ersten Mal gepasst?" und so weiter.

Kontrollübung - Gesamtbild

Für diese Übung spielen wir ein normales oder kleines Spiel. Der Trainer sagt den Spielern, dass nach dem Anpfiff alle sofort stillstehen müssen. Anschließend befragt er die Spieler zu ihren Entscheidungen, wohin sie laufen werden, wie der Empfänger den Ball annimmt und wo die Verteidigung abdecken wird.

Diese Art von Übung ist effektiv, wenn sie regelmäßig etwa zehn Minuten lang durchgeführt wird und der Trainer das Spiel in dieser Zeit etwa einmal pro Minute unterbricht. Wäre es öfter, würde es die Spieler frustrieren und die Möglichkeit, Argumente zur Positionierung und Entscheidungsfindung vorzubringen, ginge verloren.

Den Ball annehmen

Nachdem der Spieler nun die Entscheidung darüber getroffen hat, wo er den Ball erhält und was er damit machen möchte, muss er als Nächstes die Fähigkeiten des ersten Ballkontakts oder der ersten Ballkontrolle üben. Es ist wichtig, dass, obwohl der erste Kontakt die Schlüsselkompetenz in diesem Aspekt des Spiels ist, die Art und Weise, wie er sich bewegt und welche Entscheidung er trifft, Einfluss darauf hat, wie er den Ball annehmen kann.

Es sind die entscheidenden Sekundenbruchteile, die dazu führen, dass der Pass schneller, mit weniger Druck und auf die richtige Art und Weise gespielt wird, die den sehr guten Spieler vom rein talentierten Spieler unterscheiden. Wir können die Analogie vom Annehmen eines

Balls verwenden. Der eigentliche Akt des Annehmens ist relativ einfach, ebenso wie das Passen oder Dribbeln. Es kommt jedoch darauf an, mit der richtigen Körperhaltung an die richtige Stelle zu gelangen, um die Annahme einfach zu machen. Das Gleiche gilt auch für Fußball.

Mit dem Fuß kontrollieren

Fußinnenseite

Die sicherste und gebräuchlichste Art, den Ball zu kontrollieren, ist die Innenseite des Fußes. Dies ist die grundlegende Kontrollfähigkeit, die zuerst erlernt werden sollte. Der Ball trifft die Innenseite des Fußes und die Berührung sollte den Ball nach dem Kontakt etwa 20 bis 30 cm vor dem Spieler bewegen (es sei denn, es entsteht ein erheblicher Druck, der zu einem Tackling führt). Diese Bewegung erfolgt leicht diagonal nach hinten, wenn der Empfänger Zeit am Ball haben möchte, bevor er entscheidet, was als nächstes zu tun ist, da der Spieler dann seinen Körper zwischen den Ball und einen Gegner bringen kann, was ihm Zeit gibt, eine Entscheidung zu treffen.

Es gibt eine Reihe wichtiger Techniken, die sich junge Spieler aneignen müssen.

- Sofern sie nicht die konkrete Entscheidung getroffen haben, auf den Ball zu warten, bewegen sie sich auf ihn zu.

- Sie achten darauf, dass ihre Brust in einer Linie mit der Ankunft des Balls ist.
- Der Kopf bewegt sich leicht nach vorne, um sicherzustellen, dass das Gewicht über dem Ball liegt. Dadurch wird verhindert, dass er hochspringt und die Kontrolle verloren geht.
- Ellbogen und Arme sollten ausgestreckt sein, um ein optimales Gleichgewicht zu gewährleisten. Dies ist sehr wichtig für kleine Kinder, bei denen das natürliche Gleichgewicht noch nicht erreicht ist.
- Der aufgesetzte Fuß (der andere, der den Ball abfängt) sollte in Richtung des Balls zeigen und etwas weiter von ihm entfernt sein.
- Der Fangfuß steht im rechten Winkel zum Standfuß.
- Das Knie des Fangbeins ist leicht nach vorne gebeugt, um sicherzustellen, dass das Gewicht wieder über Ball liegt.
- Wenn der Ball auf den Fangfuß trifft, senkt sich dieser leicht zurück, um den Ball abzufedern. Je weiter er sich senkt, desto dichter am Körper stoppt der Ball. Wenn er sich jedoch zu weit senkt, bleibt der Ball unter dem Körper des Spielers stecken und er muss ihn herausheben, um den Ball spielen zu können. Am besten endet der erste Ballkontakt damit, dass der Ball leicht vom Körper entfernt bleibt, sodass der Körper ihn vor jedem Gegner schützt.

Kontrollübung – Grundlegende Kontrolle; Fußinnenseite

Diese Grundfertigkeit kann auch von älteren und erfahreneren Spielern wiederholt werden. Sie ist das Kernelement, um den Ballbesitz zu halten, und eine wesentliche Fähigkeit eines Spielers.

Die besondere Übung, die wir hier hervorheben, ist für fortgeschrittenere Spieler. Es handelt sich um ein 6-gegen-2-Spiel in einem Strafraum oder einem 20 x 10 m großen Raster. Der Mittelkreis auf einem Spielfeld voller Größe funktioniert ebenfalls.

Die beiden Spieler tragen Bänder, um einen schnellen Rollenwechsel zu ermöglichen. Es handelt sich um ein Ballbesitzspiel mit zwei Ballkontakten. Die Spieler erhalten den Ball und werfen gleichzeitig einen prüfenden Blick darauf, wie der Gegner positioniert ist. Sie müssen den Ball mit dem Innenfuß kontrollieren und ihn mit dem zweiten Ballkontakt weitergeben.

Wenn der Gegner die Kontrolle über den Ball erlangt oder dieser den markierten Bereich verlässt, tauschen die beiden Verteidigungsspieler mit den letzten beiden Angreifern, die den Ball berührt haben.

Die Übung kann einfach mit einer 4-gegen-1-Übung beginnen; oder es können drei statt zwei Ballkontakte erlaubt sein. In Spielsituationen möchten die Spieler den Ball jedoch schnell bewegen, weshalb die Anzahl der Ballkontakte begrenzt ist.

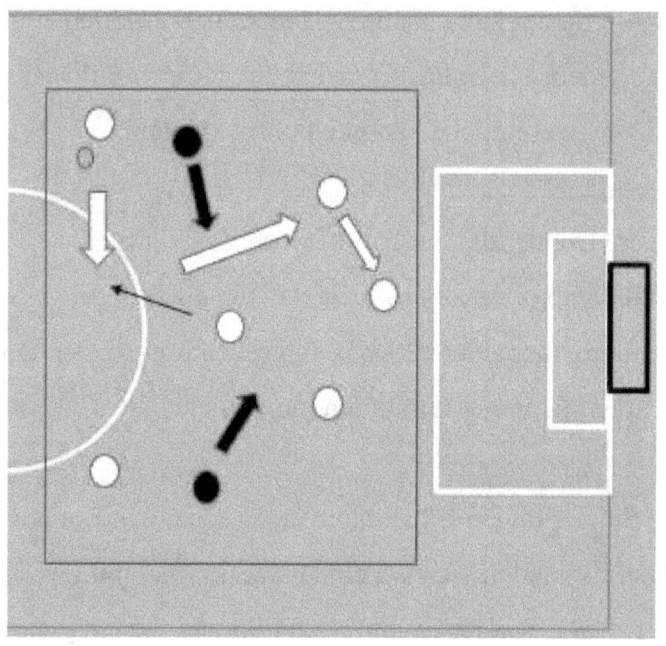

Fußaußenseite

Diese Fähigkeit ist viel schwieriger zu erlernen und wird dazu verwendet, die Möglichkeit eines Spielers sich schnell zu drehen, zu verbessern, damit er entweder etwas Platz von einer engen Markierung gewinnt oder den Ball weiterhin schnell in die Richtung bringen kann, in die er sich bewegt.

Die wichtigsten Fähigkeiten zum Üben sind folgende:

- Sich zum Ball hinbewegen.
- Die Schulter auf der empfangenden Seite zeigt in die Richtung, aus der der Ball kommt.
- Arme ausstrecken, um das Gleichgewicht zu halten und den Ball zu schützen (wenn ein Gegner dicht deckt).
- Sich nach vorne lehnen, um das Gewicht über den Ball zu verlagern und sicherzustellen, dass dieser auf dem Boden bleibt.
- Das Knie des abfangenden Beins beugen.
- Den abfangenden Fuß leicht nach innen richten, sodass der Ball ihn von außen trifft.
- Wenn der Ball auftrifft, schwenkt der Fuß die Hüfte, um sich schnell drehen und zum Ball gelangen zu können. Beachten Sie, dass ein Spieler normalerweise die Vierteldrehung in der Richtung ausführt, in die sich der Ball bewegt, aber manchmal, wenn er eng gestellt ist, dreht er sich möglicherweise in die andere Richtung, um einen Gegner zu umgehen und ihn hinsichtlich der Richtung, in die sich der Ball bewegt, auszutricksen.

Kontrollübung – Drehen mit der Fußaußenseite

Nutzen Sie die in der oben aufgeführten Liste der Techniken genannten Schlüsselkompetenzen. Diese Übung verwendet eine Halbopposition. Das Ziel des Stürmers ist es, sich vom Verteidiger wegzudrehen, einen Ballkontakt herzustellen und zu schießen.

An der Übung sind zwei Stürmer beteiligt – einer zum Passen, einer zum Schießen und ein Verteidiger. Es gibt auch einen Torwart. Die Spieler wechseln ihre Rollen.

Der Verteidiger sollte damit beginnen, allen Stürmern nur begrenzten Widerstand zu bieten, damit sie ihre Fähigkeiten trainieren können. In einer Spielsituation wüsste die Verteidigung natürlich nicht genau, dass ihr Stürmer sich umdrehen wollte, und würde ihre Verteidigung entsprechend anpassen.

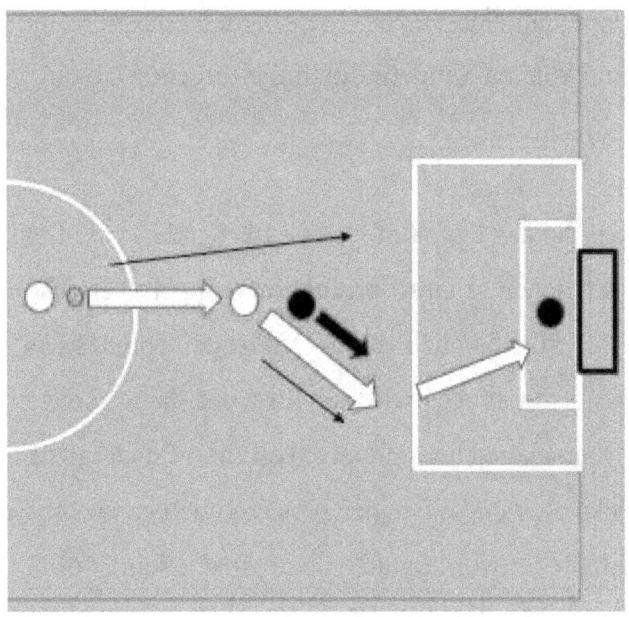

Kontrolle mit dem Oberschenkel

Wir möchten, dass junge Spieler eine Herangehensweise an das Spiel entwickeln, die den Ball weiterlaufen lassen. Dies erleichtert die Kontrolle erheblich und erleichtert somit auch den Abschluss der nächsten Phase einer Entwicklung. Spieler sind effektiver, wenn das Fußballspiel einfach gespielt wird.

Es kann jedoch vorkommen, dass der Ball beispielsweise bei einem langen Pass, einem Kopfball oder einem Einwurf kontrolliert werden muss, bevor er den Boden berührt.

Die wichtigsten Fähigkeiten zur Oberschenkelkontrolle sind unten aufgeführt und können Kindern durch die folgende Übung, die 6-er Reihe, beigebracht werden.

- Halten Sie das Knie tief – es ist für Kinder, vor allem jüngere Kinder, denen es an Koordination mangelt, verlockend, ihre Oberschenkel hochzuheben. Das ist der Teil des Körpers, den sie benutzen, und sobald sich ihr Geist darauf konzentriert, wird der Oberschenkel der einzige Teil ihrer Positionierung, den sie berücksichtigen. Wenn das Knie zu hoch gezogen wird (es sollte unterhalb der Horizontalen abgewinkelt sein), springt der Ball nach oben, wodurch die Kontrollgeschwindigkeit verlangsamt wird und dem Gegner die Möglichkeit zum Abfangen gegeben wird. Außerdem ist es schwieriger, das Gleichgewicht aufrechtzuerhalten. Das Kind könnte einfach umfallen. Amüsant im Training, frustrierend in einem Match. (Aber trotzdem, solange es ihnen gut geht und sie es selbst witzig finden, ist es lustig!)
- Die Augen sollten den Ball genau beobachten.
- Das Knie ist so ausgerichtet, dass der Ball den Oberschenkel in der Mitte trifft. Auf diese Weise fällt er auf die Füße, und je früher dies geschieht, desto schneller ist es möglich, die Bewegung voranzutreiben.
- Wenn der Spieler unter Druck steht, und insbesondere bei Einwürfen, sollte er darauf achten, den fallenden Ball, wenn er

vom Oberschenkel herunterkommt, seitlich mit dem Fuß zu schlagen. Der Pass sollte in die Richtung zurückgeführt werden, aus der er gekommen ist. Zum Beispiel zurück zu dem Spieler, der den ursprünglichen Wurf ausgeführt hat.

Kontrollübung - Oberschenkelkontrolle

Eine einfache Übung, die genau das übt, was verbessert werden soll. Eine ganze Gruppe von Spielern kann gleichzeitig an dieser Übung arbeiten. Teilen Sie die Gruppe in Paare auf. Einer der beiden Spieler (der Zubringer) nutzt die Seitenlinien als Markierung. Der Partner (der Empfänger) steht 10 Meter weiter hinten und nutzt einen Kegel als Orientierung für seinen Startpunkt.

Der Zubringer geht auf die Knie und wirft den Ball seinem Partner zu. Der Empfänger rückt ein paar Meter vor, kontrolliert den Ball mit der oben beschriebenen Technik auf seinem Oberschenkel und legt ihn mit einem Pass zurück zum Zubringer. Der Empfänger joggt dann zurück zu seinem Kegel und bereitet sich darauf vor, den Ball auf seinem anderen Oberschenkel anzunehmen. Die Übung geht genauso weiter. Arbeiten Sie eine Minute lang mit jedem Spieler, bevor Sie die Rollen tauschen.

Mit der Brust kontrollieren

Je weiter wir uns körperlich nach oben bewegen, desto schwieriger wird die Kontrolle. Normalerweise besteht das Ziel bei der Brustkontrolle darin, den Ball so schnell wie möglich zu den Füßen zu bringen und ihn schnell abzulegen. Es ist eine wesentliche Fähigkeit für Stürmer und Defensivspieler, die den Ball abfangen und nach vorne bewegen möchten.

Schlüsselfertigkeiten

- Den Ball die ganze Zeit beobachten, wobei der Kopf in einer Linie mit dem Ball ist. Dadurch werden die Füße automatisch in Position gebracht.
- Die Arme weit ausbreiten, um das Gleichgewicht zu halten und den Brustbereich so groß wie möglich zu machen.
- Die Brust leicht nach oben neigen.
- Die Arme ausgestreckt halten, bis der Ball heruntergefallen ist, da die Spieler oft unter Druck stehen, wenn sie den Ball mit der Brust treffen.
- Den Ball schnell zu den Füßen bringen, um die Bewegung fortzusetzen.

Kontrollübung - Brustkontrolle

Eine gute Übung zur Brustkontrolle besteht darin, einfach die Übung 6-er Reihe durchzuführen und den Zubringer den Ball aus dem Stand werfen zu lassen. Die folgende Übung geht jedoch etwas weiter auf die Brustkontrolle ein.

Der Ball wird von Spieler eins eingeworfen. Spieler zwei kontrolliert den Ball mit der Brust und gibt ihn entweder zu der Person weiter, die den Einwurf ausgeführt hat, oder zu einem Mitspieler. Es wird mäßiger Widerstand geleistet.

Top Tipp: *Sagen Sie den Spielern, die den Ball abwerfen, dass sie auf den Kopf zielen sollen, der Ball wird dann sauber auf Brusthöhe fallen*
.

Der Ball wird kontrolliert über die gesamte Spielfeldbreite gespielt und der Vorgang beginnt von der anderen Seite. An der Übung sind fünf Offensiv- und zwei Defensivspieler beteiligt.
Um ein Wettbewerbselement hinzuzufügen, versucht die Mannschaft, zehn Spielzüge zu absolvieren, ohne die Kontrolle über den Ball zu verlieren oder den Ball zu kassieren. Trainer sollten zunächst eine gute Technik und Bewegung ihrer Spieler anstreben, dann die Herausforderung beschleunigen und vielleicht ein Zeitelement hinzufügen, um mehr Druck auf die angreifende Seite auszuüben.

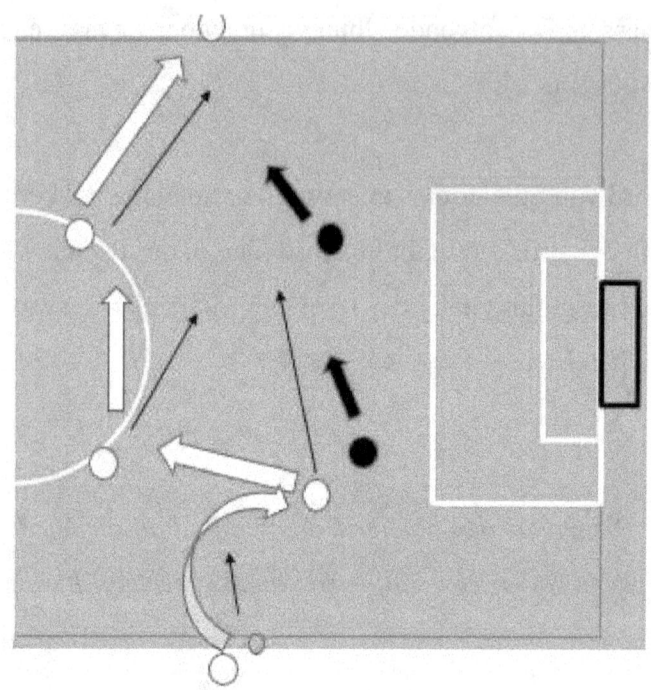

Mit dem Kopf kontrollieren

Über Kopfballbälle gibt es derzeit viel Diskussionsstoff. Der ehemalige englische Stürmer und beste Torschütze der Premier League, Alan Shearer, nahm kürzlich an einer Fernsehdokumentation teil, in der er die Auswirkungen des Kopfballs auf das Gehirn untersuchte. Die Ergebnisse waren selbst für einen ausgewachsenen Erwachsenen erschreckend. Der erschütternde Effekt selbst sanfter, wiederholter Kopfbälle war beträchtlich. Shearer fühlte sich ziemlich schnell mäßig müde und konnte einfache kognitive Aufgaben weniger schnell und mit verringerter Genauigkeit ausführen.

Obwohl die unmittelbare Wirkung mit der Zeit nachließ, kam man zu dem Schluss, dass jedes Mal, wenn der Ball mit dem Kopf gespielt wird, geringfügige Schäden entstehen. Daher wird im Weltfußball darüber nachgedacht, ob das Kopfballspiel ganz aus dem Jugendspiel verbannt werden sollte. Doch bis eine Entscheidung so fällt oder nicht, ist das Teil des Spiels. Daher ist es eine Fähigkeit, die Spieler erlernen müssen. Es ist jedoch wichtig zu beachten, dass es *sowohl für das Teamplay als auch für die Gesundheit der Spieler von Vorteil ist, den Ball am Boden zu halten, wodurch die Gefahr eines Kopfballspiels ausgeschlossen wird.*

Es gibt vier Zwecke, den Ball zu köpfen:

Mit einem defensiven Kopfball an Höhe und Distanz gewinnen;
Den Ball einem Mitspieler zuzuspielen;
Den Kopfball als direkten Torschuss zu nutzen;
Um einen hohen Ball zu kontrollieren.

Die jeweilige Technik ist äußerst wichtig (aus Sicherheitsgründen – das richtige Kopfballspiel eliminiert nicht die Folgen einer Gehirnerschütterung, scheint sie aber erheblich zu reduzieren), variiert jedoch. Wir sehen uns hier das letzte Beispiel an, bei dem es darum geht, den Ball zu kontrollieren.

Beachten Sie, dass dies der letzte Ausweg sein sollte. Wenn der Ball durchläuft, sollte dies die Option sein, die ein Spieler wählt. Dies führt jedoch manchmal dazu, dass der Ballbesitz verloren geht.

Bei jeder der beiden folgenden Arten der Kontrolle mit dem Kopf sollten die Arme ausgestreckt sein, um das Gleichgewicht zu halten, die Kopf- und Nackenmuskulatur angespannt werden, die Augen so lange wie möglich auf den Ball gerichtet und offen gehalten werden und der Ball sollte mit der Mitte der Stirn getroffen werden (in diesem Fall niemals die Oberseite des Kopfes).

Auf dem Weg zu einem Ball: Wenn ein hoher Ball aus einem beträchtlichen Raum kommend, einem Spieler zugespielt wird, entscheidet dieser sich dazu, den Ball nach vorne zu köpfen, während er auf ihn zuläuft. Hierbei neigt sich der Kopf nach vorne und leicht nach unten, um den Ball nach vorne und unten zu befördern. Der Spieler läuft weiter zu der Stelle, an der er den Ball geköpft hat.

Auf dem Weg zur Kontrolle: Ziel ist es, dem Ball das Tempo zu nehmen, ähnlich wie bei der Brustkontrolle. Es ist eine schwierige Fähigkeit, und wenn möglich sollte der Spieler versuchen, den Ball einem Mitspieler zuzuköpfen. Allerdings ist das nicht immer möglich. Der Ball wird mit der Brust empfangen. Der Spieler neigt seinen Kopf beim Aufprall leicht nach hinten und lässt ihn dann nach hinten fallen, um den Ball abzufedern. Der Ball springt dann leicht nach oben und nach unten zu den Füßen, wo er kontrolliert wird.

Der Spieler hält die Arme ständig ausgestreckt, um ein größeres Gleichgewicht zu halten und den Ball zu schützen. Es kommt häufig vor, dass die Kontrolle vom Kopf auf die Brust oder den Oberschenkel übergeht, bevor der Ball den Boden berührt, wobei jedes Manöver dem Ball mehr Tempo nimmt und die Fußkontrolle erleichtert.

Kontrollübung - Kopfball

Wenn die Entscheidung darin besteht, Kopfballfähigkeiten mit Kindern zu erlernen, kann argumentiert werden, dass es sicherer ist, die Technik zu erlernen, als den Ball unter dem Druck eines Spiels falsch zu köpfen. Die Übungen sollten kurz sein, nicht mehr als fünf Kopfbälle pro Übung. und nur eine Übung pro Sitzung.

Arbeiten Sie zu zweit; einer ist Zubringer, einer köpft den Ball. Entscheiden Sie, welches Kontrollelement verwendet werden soll. Wenn der Ball weiterlaufen soll, wird er leicht vor den Spieler geworfen, zur persönlichen Kontrolle direkt auf ihn zu.

Lassen Sie den Zubringer niederknien und werfen Sie den Ball sanft. Bei jüngeren Kindern im Alter von 10 bis 11 Jahren sollten trockene Schwammbälle oder sogar Luftballons verwendet werden, bis die Technik erlernt ist.

ANMERKUNG: *Zum Zeitpunkt des Verfassens dieses Artikels ist das Kopfballtraining im Fußball für unter 10-Jährige verboten und nur im Training für Kinder im Alter von 11 bis 13 Jahren erlaubt.*

Zweiter Ballkontakt

Wir wollen uns hier nicht zu lange aufhalten, außer zu sagen: Je besser der erste Ballkontakt eines Spielers ist, desto einfacher wird der zweite Ballkontakt. Beim zweiten Ballkontakt geht es um die Entscheidungsfindung, ob man passt oder dribbelt, schützt oder angreift. Je weiter die Spieler vorankommen, desto schneller treffen sie diese Entscheidungen, die sie getroffen haben müssen, bevor der Ball sie zum ersten Mal berührt.

Dies führt uns direkt zur zweiten Stufe der Kompetenzentwicklung bei Jugendlichen. Sobald sie den Ball unter Kontrolle haben, ist meist ein Passen die beste Option – im nächsten Kapitel werden wir uns mit Möglichkeiten befassen, wie sie das lernen können.

Passfähigkeiten

Besuchen Sie You Tube und suchen Sie nach Clips der großartigen Passgeber eines Spiels. Spieler wie Xavi, das spanische Leitschiff seines Faches mit dem Hauch eines Pianisten; Andrea Pirlo, der ein Spiel aus der Tiefe kontrollieren, das Spiel diktieren und Chancen schaffen konnte.

Noch besser: Zeigen Sie diese großartigen Spieler Ihren eigenen Kindern oder denen in Ihrem Team in Aktion. Natürlich lässt der donnernde Angriff das Herz mit urzeitlicher Leidenschaft höherschlagen; der Curling-Schuss bringt eine Menge auf die Beine; das einmalige Dribbeln weckt die Emotionen mit immer größerer Intensität. Das sind die Spektakel des Spiels. Aber wenn das alles wäre, was den Menschen wichtig wäre, gäbe es nie große Romane; Filme gäbe es nur im Hoch-Aktion-Marvel-Comic-Stil; es gäbe keine Poesie und auch kein großes Drama. Kunstgalerien würden schließen, anstatt Warteschlangen zu bilden, um die Meisterwerke zu sehen. Michelangelo hätte statt emotional bewegender Skulpturen Häuser gebaut.

Okay, vielleicht übertreiben wir es hier etwas. Aber der Punkt, den wir ansprechen wollen, ist wichtig. Passen ist der kulturelle Aspekt des

Spiels; das zerebrale Element, das auf höchster Ebene alle anderen übertrifft. Aber Kinder mögen Aktion, sie mögen tosenden Applaus und Ruhm. Ihnen klarzumachen, dass das Passen der Herzschlag des Fußballs ist, kann sich als Herausforderung erweisen.

Stellen Sie sich eine Gruppe von Siebenjährigen vor, die das Spiel spielen. Der Ball ist selten sichtbar und verschwindet im Sumpf der Körper, die ihn verfolgen. Gelegentlich findet das Kind mit einer Perspektive auf den Stand der Dinge Platz und fordert den Pass. Die Wahrscheinlichkeit, dass ein Teamkamerad den Pass erkennen kann, ist gering. Stattdessen sind die verbliebenen Spieler beider Seiten auf der Jagd… aber ohne groß darüber nachzudenken.

Daher ist es eine Herausforderung, bei der Arbeit mit Kindern die Fertigkeit des Passens zu vermitteln. Dennoch wird der kompetente und geduldige Trainer Erfolg haben. Der erste Schritt, um Kinder zum Passen zu bewegen, besteht darin, deren Wert ständig zu stärken. Aber nicht in einer Weise, die den Grundinstinkt von Kindern, mit dem Ball zu laufen, kritisieren würde. Der Trainer unterbricht das Spiel, um den Pass hervorzuheben. Er oder sie überschüttet den Spieler, der Platz findet, mit Lob. Der Trainer lobt das Kind, das einen Pass versucht, überschwänglich, ob dieser nun erfolgreich war oder nicht.

Es werden Spiele gespielt, bei denen Dribbeln verboten ist. Und erst mit der Zeit beginnen junge Spielergruppen, die Kraft des Passes zu nutzen. Das ist der Punkt, an dem man sich auf die Verbesserung der Fähigkeiten konzentrieren kann, die mit den verschiedenen Arten von Pässen verbunden sind und die das Spiel voranbringen.

Spiele zur Förderung einer Passkultur

Kleine Kinder lieben den spielerischen Aspekt einer Trainingseinheit. Eigentlich gilt das auch für ältere Kinder, Jugendliche, Erwachsene und Profispieler. Zugegebenermaßen entwickeln die Spieler mit zunehmendem Aufstieg auf der Fußballleiter ein größeres Verständnis für die Bedeutung der Fähigkeitsentwicklung, des Teamplays sowie der körperlichen Fitness und Ausdauer. Aber seien wir ehrlich, es ist das Spiel, das den Höhepunkt der Zusammenstellung darstellt.

Denn wenn wir keinen Spaß am Wettbewerb hätten, würden wir keinen Sport treiben. Vor diesem Hintergrund ist es eine gute Idee, Spiele zu nutzen, um die Fähigkeiten zu entwickeln, die wir verbessern wollen.

Passübung: Passspiel 3 gegen 3 mit Minitoren

Dies ist ein großartiger Ausgangspunkt für ein Spiel. Es kann mit drei Spielern pro Seite oder bis zu sieben Spielern pro Seite gespielt werden. Übungen im Rondo-Stil, die die gleichen Prinzipien verwenden, können später hinzugefügt werden. Hier wird eine Seite mit Spielern gewichtet, und diese Mannschaft muss dann Wege finden, um Möglichkeiten und Chancen zu schaffen.

Unsere Grundübung arbeitet jedoch mit einem 10 x 20 Meter großen Raster. Die Tore stehen fünf Meter von beiden Enden entfernt. Die Tore sind einfach Kegel im Abstand von einem Meter. „Tore" können vor oder hinter dem Tor erzielt werden. Taktisch orientierte Spieler könnten zu dem Schluss kommen, dass das Platzieren eines Spielers zwischen den Pfosten jede Hoffnung auf einen Treffer zunichtemacht, was dem Ziel einer Übung, die darauf abzielt, das Passspiel zu entwickeln, eher zuwiderläuft.

Daher kann es notwendig sein, einige Regeln einzuführen, beispielsweise eine Sperrzone um die Tore herum; eine andere Technik besteht darin, einen Punkt für einen Schuss und drei für ein Tor zu vergeben. Auch wenn es keine Tore gibt, ist das Spiel eigentlich ein 2-gegen-3-Spiel, und die drei Spieler können eher gewinnen, weil es für sie einfacher ist, den Ball zu behalten.

Das Spiel ist einfach. Beginnen Sie mit vier Ballkontakten und reduzieren Sie diese dann schrittweise auf einen Kontakt, wenn die Spieler älter werden und sich verbessern. Erlauben Sie kein Tackling oder Dribbling. Deshalb muss ein Spieler, sobald er den Ball unter Kontrolle hat, auch beim Vier-Touch-Spiel passen. Konzentrieren Sie sich auf das, was mit der Übung erreicht werden soll – Passen als erste Wahl – und nicht auf die Feinheiten der Spielregeln. Kleineren Kindern fällt es oft schwer, aus ihrer Dribbelhaltung herauszukommen, und zwangsläufig schleichen sich mehr Kontakte ein, als erlaubt sind.

Top Tipp: Bei der Arbeit mit Kindern ist es von entscheidender Bedeutung, das Ziel der Übung im Vordergrund zu behalten. Jugendliche machen beim Aufbau einer Übung Fehler, das spielt keine Rolle, solange die Schlüsselkompetenz geübt wird.

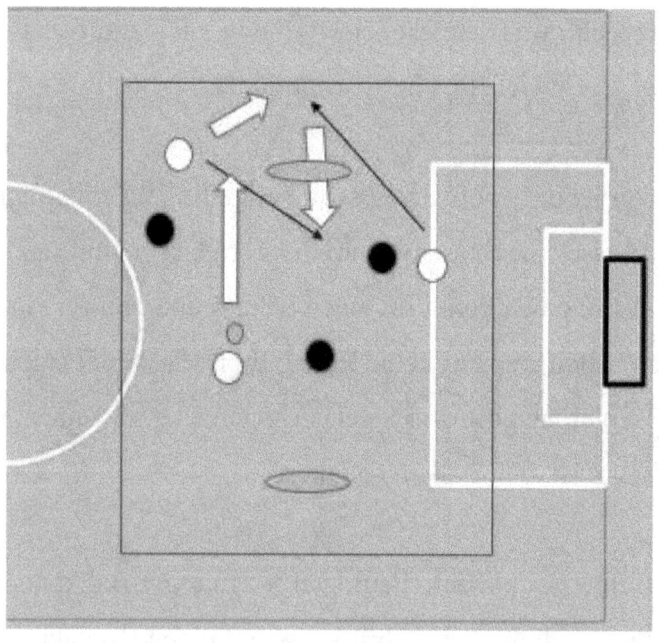

Kurzpass

Die allerbesten Teams nutzen Kurzpässe mit großer Wirkung. Denken Sie an das Jahrzehnt der Dominanz der spanischen Nationalmannschaft und ihrer Vereinsmannschaften, insbesondere Barcelona. Ihr Erfolg beruhte auf einem kurzen Passspiel, bekannt als Tiki Taka.

Der Vorteil von kurzen Pässen besteht darin, dass es einfacher ist, präzise zu spielen, und da der Ball zwangsläufig auf dem Boden liegt, ist auch die Kontrolle für den angreifenden Spieler einfacher. Allerdings ist Schnelligkeit gefragt, und das bedeutet, dass der erste Ballkontakt präzise sein muss. Der Ball muss fest zugespielt werden und es sollten nicht mehr als zwei Kontakte erfolgen, bis der Ball erneut zugespielt wird.

Die besten Spieler entwickeln die Technik, One-Touch-Passspiele zu nutzen, um Tempo und Bewegung zu erzeugen.

Die Schlüsselfähigkeiten des Kurzpassspiels sind folgende:

- Den Spann benutzen.
- Den Ball fest durchschlagen
- Den Kopf über dem Ball halten, um sicherzustellen, dass dieser tief bleibt.

- Der nicht tretende Fuß steht fest auf dem Boden und die Arme sind ausgestreckt, um das Gleichgewicht zu halten
- Sobald der Pass beendet ist, bewegen sich die Spieler schnell, um eine Position für einen Rückpass einzunehmen.

Passübung: Kurzes Passspiel ohne Druck

Dies ist eine ausgezeichnete Übung, die schwungvoll ist und alle Spieler einbezieht.

An der Übung sind fünf Spieler beteiligt und sie findet auf einem quadratischen Raster von 10 m statt. Ein Spieler besetzt jede Seite und der fünfte Spieler hält die Mitte. Es sind maximal zwei Ballkontakte erlaubt, und das Passen eines Kontaktes sollte gefördert werden.

Der Ball wird zum zentralen Spieler gespielt, der ihn kontrolliert und an einen anderen Spieler weitergibt. Dieser Spieler passt zurück zum zentralen Spieler und so weiter. Jedes Mal, wenn ein Spieler passt, muss er sich bewegen – die Außenspieler entlang ihrer Linie und den Mittelspieler in eine Position, in der sie den Pass annehmen und sich schnell umdrehen können, um den nächsten Ball zu spielen.

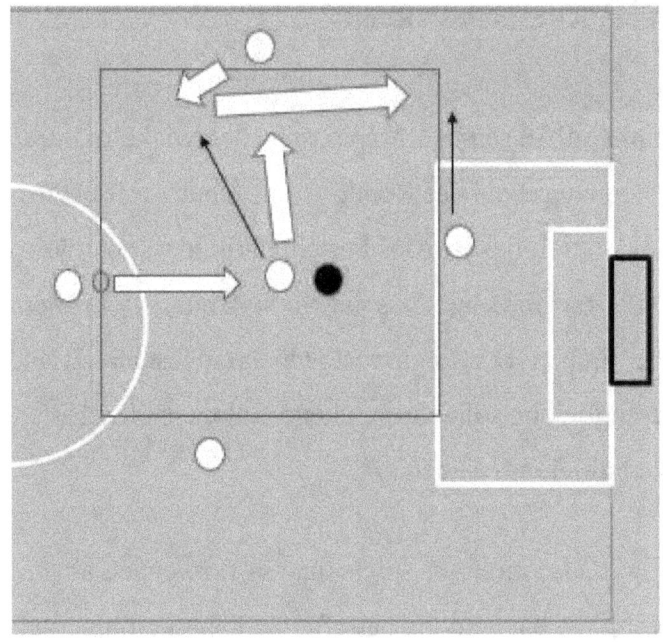

Die Übung lässt sich leicht entwickeln. Ein Gegner wird hinzugefügt, um dem zentralen Spieler eine Halbopposition zu bieten. Der zentrale Spieler muss nicht jeden Pass erhalten. Der Trainer fördert Ballkontakt, Passtechnik, Schnelligkeit, Bewegung und Kommunikation.

Letzteres ist sehr wichtig. Bei Kurzpässen müssen die Spieler auf einer Wellenlänge sein; das entwickelt sich durch verbale und körperliche Kommunikation. Rufen Sie zum Beispiel nach dem Ball und zeigen Sie mit den Händen an, wo ein Pass gespielt werden muss.

Passübung: Kurzes Pass-Rondo

Beim Aufbau seines Kurzpassspiels entwickelte Barcelonas Trainer Pep Guardiola das Rondo – eine Übung mit unebenen Seiten. Der große Vorteil des Rondos besteht darin, dass es etwas Widerstand und damit Druck erzeugt. Das macht die Übung viel näher am wirklichen Leben. Der Gegner ist jedoch eingeschränkt und die dominierende Seite sollte ausreichend Gelegenheit erhalten, die jeweilige Fähigkeit zu üben.

Es wird also eine Art Spielsituation verwendet, aber nicht die Art von Matchplay, bei dem die betreffende Fähigkeit innerhalb der Dynamik verloren geht, die entsteht, wenn die Mannschaften in einer Wettbewerbssituation aufeinander abgestimmt sind.

Das folgende Rondo kann an die Bedürfnisse und Fähigkeiten eines Teams angepasst werden. Sicherlich können talentierte Kinder unter 8 Jahren und älter diese Art von Übung nutzen.

Ziel ist es, den Ballbesitz zu halten. Es wird ein kleines Raster verwendet; die Größe des Rasters hängt in gewissem Maße vom Alter und Können der Spieler ab. Beispielsweise könnte eine gute U12-Mannschaft ein 10 x 5 Meter großes Raster verwenden, während eine U9-Mannschaft ein 10 x 10 m großes Raster verwenden könnte.

An der Übung sind sechs Spieler beteiligt. Verwenden Sie zwei farbige Startnummern, um den Gegner zu identifizieren. Dadurch ist ein schneller Rollenwechsel möglich, die Übung bleibt am Laufen und das Interesse des Spielers bleibt erhalten. Es gibt keine Tore und das Ziel besteht darin, den Ball zu behalten. Durch ein oder zwei kurze Pässe bleibt eine gute Kommunikation und Bewegungsfreiheit erhalten. Jedes Mal, wenn der Ball verloren geht oder das Spielfeld verlässt, tauscht die letzte Person, die ihn spielt, die Rolle mit einem der Verteidiger und das Spiel geht weiter.

Top Tipp: *Bei der Arbeit mit Kindern ist es von entscheidender Bedeutung, das Ziel der Übung im Vordergrund zu behalten. Jugendliche machen beim Aufbau einer Übung Fehler, das spielt keine Rolle, solange die Schlüsselkompetenz geübt wird.*

Mittelfeldpass – Innenspann und Außenspann

Innenspann

Einige junge Spieler scheinen mit Passfähigkeiten gesegnet zu sein. Sie „sehen" nicht nur den Pass, sondern verfügen auch über die angeborene Technik, den Ball zu spielen. Allerdings muss für die meisten Passfähigkeiten an den Fertigkeiten gearbeitet werden.

Trainer sollten sich auf die Technik konzentrieren. Im Folgenden sind die Schlüsselelemente aufgeführt, um einen Pass auf mittlere Distanz zu erzielen – einen Pass über mehr als 10 bis 15 Meter.

- Kopf nach oben: Wenn Spieler den Kopf gesenkt halten, können sie den Pass, den sie machen möchten, nicht sehen.
- Körperhaltung: Beim Pass sollten die Arme ausgestreckt sein, um das Gleichgewicht zu halten, und der nicht tretende Fuß sollte fest auf dem Boden stehen.
- Schlagen Sie den Ball fest mit dem Spann und ziehen Sie ihn glatt durch.
- Der Ball krümmt sich leicht nach innen, wenn er an Tempo verliert, und dies sollte in der Passrichtung berücksichtigt warden.

Top Tipp: *Ermutigen Sie die Spieler bereits in jungen Jahren, den Kopf zu heben und sich umzusehen. Einer der (vielen) Gründe dafür, dass junge Spieler nur ungern passen, liegt darin, dass sie ihre Augen auf den Ball und nicht auf das Spiel um sie herum konzentrieren. Während ihnen der Ball zugespielt wird, sollten sie ihren nächsten Spielzug abwägen.*

Außenspann

Dies ist ein großartiger Pass, um den Ball aus einer zentralen Position in einen weiten Angriffsbereich des Spielfelds zu befördern. Es handelt sich um einen riskanteren Pass als mit den Innenspann, sollte aber zum Standard jedes Spielers gehören.

Ein Außenspann-Pass sorgt für mehr Ausweichmanöver und eignet sich daher hervorragend, um den Ball in den Raum hinter einer engen Verteidigung zu bringen.

- Der Ablauf ist derselbe wie beim Spannpass, bis es zum Schlagen des Balls kommt.
- Der Ball wird mit der Außenseite des Fußes geschlagen, wobei der Kontakt direkt hinter dem kleinen Zeh erfolgt. Dadurch wird eine Drehung

erzeugt, dessen Wirkung dann zum Tragen kommt, wenn der Ball langsamer wird.

- Der Trittfuß läuft in einer geraden Linie weiter, während der Ball schräg abfliegt. Der Pass sollte gerade gerichtet sein, wenn er für einen laufenden Spieler nach außen ausweichen soll.
- Im Allgemeinen muss bei einem Schlag mit der Außenseite des Fußes mehr Kraft ausgeübt warden als bei einem Schlag mit der Innenseite. Dies liegt daran, dass der direkte Kontakt zwischen Fuß und Ball geringer ist.

Ein gutes Aufwärmtraining besteht darin, zwei oder drei Spieler in einem Abstand von etwa 10 bis 20 Metern aufzustellen, je nach Alter der Kinder. Sie üben das Schlagen des Balls mit der Innen- und Außenseite des Fußes, lernen Tempo und Richtung kennen und üben auch die Ballkontrolle. Halten Sie diese Art des Aufwärmens entspannt, aber aktiv. Ermutigen Sie die Spieler, sowohl mit ihrem schwächeren als auch mit ihrem stärkeren Fuß zu passen. Ein zweifüßiger Spieler ist weitaus effektiver und vielseitiger als einer, der sich zu sehr auf den einen oder anderen Fuß verlässt.

Passübung: Der Hinterpass – innerhalb und außerhalb des Fußes

Dies ist eine ziemlich komplexe Übung. Sie ist jedoch aus vielen Gründen gut. Sie bietet Möglichkeiten zum Passen mit der Innen- und Außenseite des Fußes. Sie ist rasant. Sie endet mit einem Schuss, etwas das den Kindern Spaß macht.

An der Übung sind zwei Spieler und ein Torwart beteiligt, am besten funktioniert sie jedoch mit einem zweiten Torwart und zwischen 8 und 12 Spielern. Diese agieren als Passgeber und Flügelspieler und arbeiten paarweise. Nach jeder Übung tauschen die Torwarte den Fußball aus und geben ihn zurück, sodass das wartende Paar immer einen Ball zur Verfügung hat.

Ideal ist ein halber Siebener pro Seite. Vier über die Breite des Geländes verteilte Kegel, die etwa 5 Meter davorliegen, stellen eine Verteidigungslinie dar. Spieler eins dribbelt von der Mittellinie bis zum Rand des Mittelkreises. Der Trainer weist ihn an, sich darauf zu konzentrieren, den Kopf oben zu halten. Er passt zwischen dem Innenverteidiger-Kegel und dem Außenverteidiger-Kegel. Die Pässe sollten sowohl mit der Innen- als auch mit der Außenseite des Fußes erfolgen. Spieler zwei ist außerhalb der Außenlinie weiter gesprintet und auf den Pass gelaufen. Spieler eins setzt seinen Lauf bis zum Rand des Strafraums fort. Spieler zwei führt einen Pass mit der Innenseite des

Fußes aus, und Spieler eins läuft weiter, um direkt beim ersten Mal oder nach einer Ballberührung zu schießen.

Die Spieler kehren in ihre Ausgangspositionen zurück und sind bereit, wieder loszulegen, aber dieses Mal beginnt Spieler zwei mit dem Ball und Spieler eins läuft über den Flügel.

Nach einer Weile sollte der gegenüberliegende Flügel angegriffen werden, damit sich die Spieler daran gewöhnen, beide Füße zu benutzen.

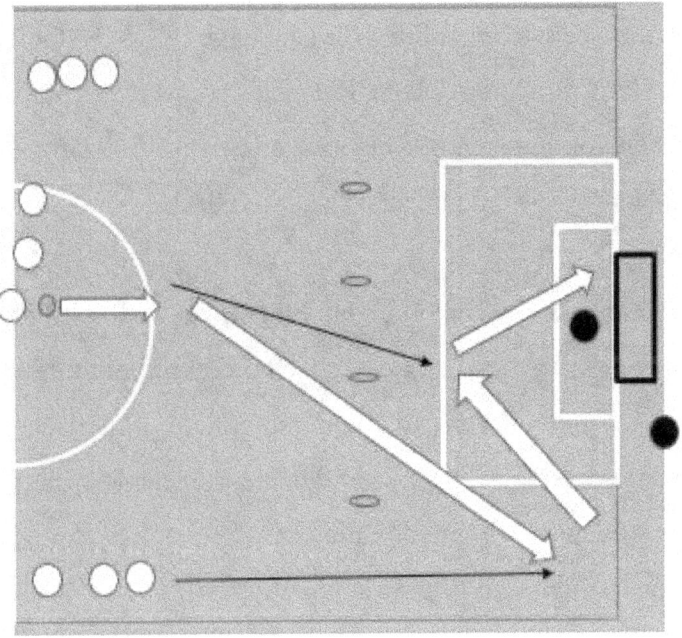

Langer, angehobener Pass

Fußball ist eine Sportart, die am besten auf dem Boden gespielt wird. Ziel ist es, ein Tor zu erzielen; ohne Ballbesitz geht das nicht, und der Ball lässt sich am besten halten, wenn er am Boden liegt. Sobald der Ball den Boden verlässt, ist die Genauigkeit beeinträchtigt, der Pass muss per Definition lang sein und das macht es schwieriger, Genauigkeit zu erreichen. Wenn der Pass präzise ist, ist es schwieriger, ihn zu kontrollieren, als wenn der Ball am Boden angenommen wurde.

Es gibt jedoch einen Platz für den langen Pass. Es bietet Abwechslung und kann den Ball schnell über weite Strecken bewegen. Abgesehen von Flanken, die ein spezielles Angriffsinstrument sind, gibt es zwei Hauptverwendungen des langen Balls.

Erstens geht der Ball über den Flügel. Der Ball wird oft von Außenverteidigern gespielt und entweder kontrolliert auf die Brust des Stürmers gespielt oder in den Raum hinter dem gegnerischen Außenverteidiger geschlagen, auf den ein Flügelspieler laufen kann. Dies ermöglicht sehr schnelle Spielübergänge, und während des Übergangs öffnen sich Räume am häufigsten.

Der andere Pass ist der Querpass, der darauf abzielt, das Spiel zu wechseln, eine Verteidigung über das Spielfeld zu ziehen und Räume zu schaffen, die Stürmer ausnutzen können. Normalerweise wird diese Art von Pass direkt zum Außenspieler gespielt.

Eine kleine Anmerkung. Manchmal versucht die Mittelhälfte, den Ball nach vorne zu werfen. Dies ist jedoch ein Pass von begrenztem Wert. Da der Schuss gerade und mittig erfolgt, ist die Fehlertoleranz gering. Verteidiger können entweder leicht abfangen, wenn es dem Pass an Präzision mangelt, oder der Ball läuft einfach zum Torwart und geht verloren.

Die Technik für den langen Pass ist folgende.

- Den Ball im 45 Grad Winkel zum Körper aufstellen.
- Die Arme ausstrecken, um das Gleichgewicht zu halten.
- Den Ball mit den Zehen tief unten schlagen, sodas der Fuß leicht unter den Ball geht.
- Leicht nach hinten neigen und den Kopf ruhig halten.
- Den Ball durchschlagen und den Fußbogen fortsetzen.
- Das Gleichgewicht wiederherstellen, indem man den anderen Arm scherenförmig über den Trittfuß führt.

- Der Ball rollt in die Richtung des Fußes.

Passübung – Langes Passspiel

Obwohl diese Übung kompliziert ist und Kinder möglicherweise ein paar Versuche brauchen, um sie zu verstehen, eignet sie sich hervorragend für die Entwicklung der Genauigkeit beim langen Pass, sobald sie verstanden wurde. Außerdem werden Kommunikation, Teamgeist und Schussfähigkeiten gefördert. Oh, und sie macht viel Spaß. Sie funktioniert gut mit Kindern unter 10 Jahren und älter.

Die Übung umfasst einen halben Siebener pro Seite mit einem Tor an jedem Ende. Das Spielfeld ist in drei Zonen unterteilt. An beiden Enden ist die Zone halb so groß wie die mittlere Zone (ungefähr 10 Meter, 20 Meter und 10 Meter). Es werden viele Bälle dafür benötigt.

Die Übung besteht aus sechs Spielern pro Mannschaft, einem Torwart, einem Verteidiger, einem Stürmer und drei Mittelfeldspielern.

Verteidiger: Spielen Sie den langen Pass und lassen Sie dabei das Mittelfeld aus. Verteidigen Sie ihren Bereich auf dem Spielfeld.

Stürmer: Versuchen Sie, ein Tor zu erzielen oder einen Mitspieler vorzubereiten.

Mittelfeldspieler: Die komplexeste Position. Sie müssen zusammenarbeiten, um unter eingeschränkten Bedingungen Unterstützung zu leisten. Wenn sich der Ball in der eigenen Verteidigungszone befindet, begibt sich EIN Mittelfeldspieler in diesen Bereich, um den Verteidiger und den Torwart zu unterstützen. Sie können den langen Ball in die Angriffszone spielen.

Wenn der Ball in die Angriffszone gespielt wird, darf sich EIN Mittelfeldspieler dieser anschließen, um seinen Stürmer zu unterstützen. Der Mittelfeldspieler kann Tore schießen oder den Angreifer vorbereiten. Geht der Ball zum Torwart oder erlangt der Verteidiger den Ball, muss sich der Mittelfeldspieler aus der Angriffszone zurückziehen.

Wenn der Ball die Mittelfeldzone erreicht, können die Spieler in eine der beiden Zonen passen oder schießen.

Wenn sich der Gegner in der Angriffs- oder Verteidigungszone im Ballbesitz befindet, DÜRFEN sie die Zone NICHT betreten, und wenn sie sich darin befinden, MÜSSEN sie sie sofort verlassen. Daher ist Kommunikation erforderlich, um den am besten platzierten Mittelfeldspieler für die jeweilige Aufgabe zu ermitteln.

Das Spiel wird gespielt. Jedes Mal, wenn der Ball aus dem Spiel geht, gibt der Trainer einen neuen Ball an die entsprechende

Mannschaft in der entsprechenden Zone zurück. Ein Schuss, der am Tor vorbeigeht, hat zur Folge, dass der Torwart den neuen Ball für den Neustart erhält. Bei einer Ecke wird der Ball dem Stürmer/Mittelfeldspieler in der Angriffszone zugespielt. Die Spieler sollten regelmäßig ihre Positionen tauschen.

Seien Sie geduldig mit der Übung. Es dauert zwar eine Weile, bis Kinder die Idee nachvollziehen können, aber wenn sie es einmal verstanden haben, ist es eine Übung, die regelmäßig angewendet werden kann, um lange Ballpässe zu entwickeln.

Top Tipp: Bei Übungen wie dieser versuchen junge Spieler oft, im Voraus zu planen. Beispielsweise macht der dominante Mittelfeldspieler deutlich, dass er derjenige sei, der den Angriff unterstützt! Lassen Sie dies nicht zu. Die Spieler müssen lernen, auf die Situation zu einzugehen, indem sie auf die Spielzüge der Spieler in den besten Positionen reagieren.

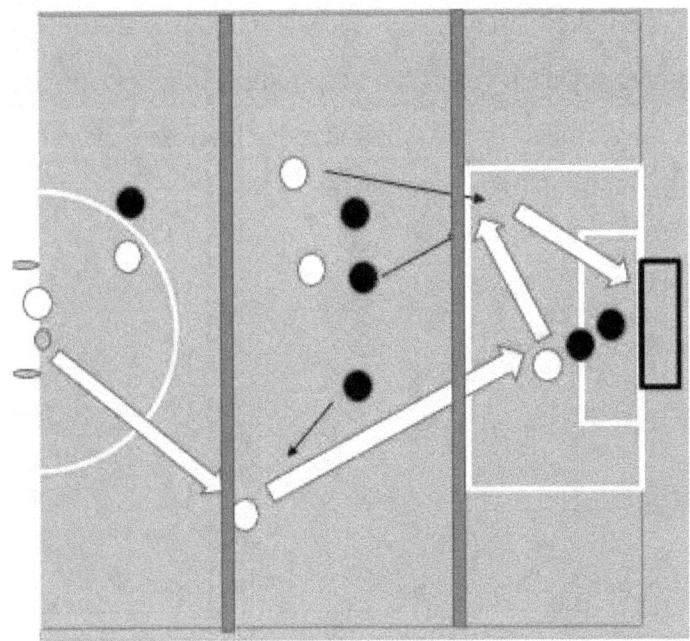

Verwendung von Kegeln zur Verbesserung des Passspiels

Ein Schlüsselelement beim Training junger Spieler besteht darin, sie zu beschäftigen. Ein gutes Aufwärmtraining besteht darin, einen „Angriffs-Pass-Parcours" einzurichten. Dies kann man Kegelhütchen erreichen, die die Passgenauigkeit fördern sollen. Es können kurze, lange und mittlere Pässe geübt werden, wobei mithilfe der Hütchen Winkel erzeugt werden. Lassen Sie die Spieler zu zweit oder zu dritt arbeiten und bewegen Sie sie etwa je eine Minute auf dem Platz.

Wenn es die Personalausstattung zulässt, kann ein Kurs von einem Trainer zusammengestellt werden, während ein anderer an einer anderen Fertigkeit arbeitet. Wie jeder von uns, der mit Jugendmannschaften gearbeitet hat, weiß, ist ein Schritthalten während der Trainingseinheit unerlässlich, um das Interesse und die Freude jüngerer Spieler aufrechtzuerhalten.

Offensive Fähigkeiten

Wäre George Best aus einer großen Fußballnation gekommen, würde man ihn in einem Atemzug mit Pelé, Maradona und Messi nennen. Vielleicht ist er es tatsächlich. Er teilte viele ihrer Talente; hervorragende Dribbling-Fähigkeiten; er war eher von kleinerer Statur (mit seinen 1,70 Meter war er gerade mal durchschnittlich groß, obwohl seine schlanke Statur ihn viel kleiner erscheinen ließ). Die andere entscheidende Eigenschaft, die Best mit diesen Großen teilte, war ein tödlicher Blick zum Tor.

Der Nordire erzielte einst nicht weniger als sechs Tore in einem einzigen Spiel. Es war gegen Northampton Town im FA-Cup-Turnier und das bemerkenswerte Ereignis trug sich im Jahr 1970 zu. Sicherlich gab es zwischen den Teams eine Kluft in der Klassen- und Ligaposition, aber es war dennoch eine bemerkenswerte Leistung. Die erstaunliche Darbietung war umso bemerkenswerter, wenn man bedenkt, dass das Spiel unter Bedingungen stattfand, bei denen das Gras eher an einen Bauernhof als an einen Fußballplatz erinnerte. Den Fans beider Mannschaften, die auf dem berüchtigten zweieinhalbseitigen Stadion von Northampton saßen und standen, wurde ein unvergessliches Vergnügen bereitet. Dazu kam das einzigartige Erlebnis, ein Spiel auf höchstem Niveau im einzigen Profistadion in Großbritannien und möglicherweise auch auf der ganzen Welt zu sehen, dem eineinhalb seiner Tribünen fehlten (im wahrsten Sinne des Wortes gab es dort nichts).

(Außerhalb der Schuhmacherstadt ist es eine wenig bekannte Tatsache, dass auch das relativ neue Stadion von Northampton Town keine Seite hat. Diesmal sind es nicht Cricket oder Boccia, die den Ausschlag geben, wie es in den 1970er-Jahren der Fall war, sondern finanzielle Unzulänglichkeiten. Eine Seite des Sixfields-Stadions in Northampton erhielt die Erlaubnis, eine neue, zweistöckige Tribüne zu errichten, stand aber klaffend da wie ein zahnloses Baby, da das Geld ausgegangen war, bevor der Bau fertiggestellt werden konnte! Das ist nützliches Fußballwissen für ein Gespräch nach dem Spiel an der Bar!)

Aber zurück zu Best. Leider ging für ihn alles schief, als sein Superstar-Status in einer Flut von Frauen und Alkohol zusammenbrach. Aber Bests Ruhm war garantiert. Die meisten Leser werden von dem trickreichen Stürmer gehört haben, viele werden seine Heldentaten gut kennen. Hier ist also eine andere Frage. Brasilien gewann 1970 die Weltmeisterschaft. Wer stellte seine Verteidigung auf? Schwierig, oder? Denn auch wenn einige die brasilianische Mannschaft von 1970 für die großartigste internationale Mannschaft aller Zeiten halten, kennen wir den Stürmer Nordirlands, nicht aber die Abwehr dieser erstaunlichen Gruppe von Weltmeistern.

Nützlicher Hinweis: *Tatsächlich waren es Carlos Alberta, Kapitän und Rechtsverteidiger, Piazza und Brito in der Mitte und Linksverteidiger Everaldo.*

Daher ist es nicht verwunderlich, dass alle Kinder Stürmer werden wollen; ein Mittelstürmer, Nummer 10 oder Flügelspieler. Vielleicht wird es den ein oder anderen Siebenjährigen geben, der sich als Mittelfeldspieler oder Defensivspieler sieht, aber das sind nur wenige.

Dennoch kann im modernen Spiel jeder ein Offensivspieler sein. Die alte Vorstellung im Schulfußball, dass die Außenverteidiger die Mittellinie nicht überschreiten, ist glücklicherweise tot und begraben. Die einzigen Anforderungen an einen Mittelfeldspieler sind nicht mehr, dass er groß ist und den Ball über die halbe Spielfeldlänge schießen kann. Heutzutage beginnt der Angriff beim Torwart und entwickelt sich von dort aus.

Raum finden

Die Lektionen, die wir in jungen Jahren gelernt haben, begleiten uns ein Leben lang. Raum auf Kinderniveau zu finden ist nicht so schwer. Vorausgesetzt natürlich, dass die Jugendlichen gelernt haben, den Ball zu passen. Kleinfeldspiele sind so konzipiert, dass die Spieler Zeit und Raum haben, wenn sie im Ballbesitz sind. Schließlich werden sich die Fähigkeiten nicht weiterentwickeln, wenn Spieler sofort ausgeschaltet werden, sobald der Ball an ihren Füßen ankommt.

Das bedeutet nicht, dass die Fähigkeit, Raum zu finden, nicht gelehrt werden muss. Wir könnten diesen Aspekt des Fußballs in fünf Phasen unterteilen.

Nummer eins – Raum erkennen: Hier geht es darum, die Spieler dazu zu bringen, den Kopf nach oben zu richten. Jugendliche neigen dazu, sich auf den Ball zu konzentrieren, aber wir müssen sie ermutigen, das große Ganze zu sehen (ein Punkt, auf den wir immer wieder zurückkommen, wenn wir Kinder trainieren). Es gibt ein altes chinesisches Sprichwort, das wir auf die Vermittlung der Fähigkeit zur Raumerkennung anwenden können – tatsächlich stellt das Sprichwort eine gute Maxime für das Lernen jeglicher Art dar. Es geht so:

Ich höre…und ich vergesse

Ich sehe…und ich erinnere mich

Ich mache…und ich verstehe.

Mit anderen Worten: Unseren jungen Spielern nur zu sagen, sie sollen Raum finden oder an sich an einen bestimmten Ort bewegen, hat wenig Sinn. Sie könnten es tun, und es könnte einen unmittelbaren

Nutzen bringen. Aber fünf Minuten später sagt der Trainer dasselbe. Es ist besser, die Spieler so anzuordnen, dass sie Räume sehen können. Die Spieler wissen zwar, wohin sie gehen sollen, aber nicht, warum. Daher fällt es ihnen schwer, auf neue Situationen zu reagieren. Aber das Beste ist, sie dazu zu bringen, ihren Raum selbst zu entdecken.

Wir können dies durch Wiederholung erreichen. Denken Sie daran, dass Kinder aktiv sein müssen. Sie lernen, wenn sie „tun" (haben wir diese Idee nicht schon einmal irgendwo gesehen?!). Diese Fähigkeiten werden also am besten durch die Spielsituation erworben. Das könnte das Schlussspiel sein, das Kinder so lieben.

Es kann sich dabei um eine gezielt eingerichtete Rondo-Trainigseinheit handeln, bei der der Schwerpunkt auf der Raumfindung liegt. Der Trainer muss den Kindern aktiv Fragen stellen. „Was sollen unsere Augen machen?" „Was machen wir mit unserem Kopf?" „Wohin bewegen wir uns?" „Warum haben wir uns dorthin bewegt?" Diese Fragen werden mit viel Lob untermauert. Bald werden unsere jungen Schützlinge von Natur aus ihren Raum finden. Wenn sie zum vollwertigen Mannschaftsfußball übergehen, wird ihnen diese Fähigkeit zugutekommen.

Zweistufige Läufe: Wir werden uns später in diesem Kapitel genauer mit der Erstellung von Läufen befassen. Eine gute Verteidigung und ein gutes Mittelfeld schränken jedoch den Raum ein.

Der Spieler kann ihn erstellen, indem seine Läufe in zwei Phasen durchführt. Zuerst legt er im Kopf fest, wo der Raum sein soll, und entfernt sich dann von diesem Bereich. Dies nimmt einen Verteidiger mit und schafft den Raum in der Zone, in die er möchte. Als nächstes sprintet er zurück in den von ihm geschaffenen Raum. Diese Bewegung wird manchmal als Zick-Zack-Bewegung bezeichnet.

Zeitwahl: Wie oft hören wir den Fernsehkommentator sagen: „Er hat seinen Lauf zum perfekten Zeitpunkt gemacht"? Aber um ein so hohes Maß an Perfektion zu erreichen, bedarf es Übung. Und Teamarbeit. Die Spieler müssen zusammenspielen, damit sie beginnen zu verstehen, wann ein Pass wahrscheinlich gespielt wird und wann ein Teamkollege seinen Lauf gerne machen möchte. Der große niederländische Meister Dennis Bergkamp war darin ein Genie. Schauen Sie sich auf YouTube einige Clips seiner Assistenten an. Ja, er konnte den perfekten 40-Yard-Zoll-Querpass-Ball spielen, aber seine eigentliche Fähigkeit war der 10-Yard-Pass, der mit perfektem Gegengewicht ausgeführt wurde, um dem Sprint seines Angriffspartners zu entsprechen.

Kleine Mannschaftsspiele eignen sich am besten für die Entwicklung des richtigen Zeitpunktes, da die Spieler viele Ballkontakte bekommen.

Wo soll man hinlaufen – die Verteidigung umdrehen: Verteidiger möchten sowohl den Ball als auch die Bedrohung ihres Gegners sehen können. Wenn also ein Stürmer „auf der Schulter" seines Gegenspielers spielt, also mit dem Verteidiger zwischen sich und dem Ball, muss dieser Verteidiger versuchen, gleichzeitig an zwei Stellen zu suchen. Der Stürmer hat dann bei seinem Lauf eine halbe Sekunde Vorsprung. Wir werden uns dies später in diesem Kapitel etwas genauer ansehen.

Fluidität: Ein entscheidender Aspekt des Spiels. Und auch etwas, das für Jugendliche sehr schwer zu erlernen ist. Als Erwachsene wissen wir, dass das Erzielen eines Tores normalerweise das Ergebnis eines großartigen Mannschafts-Zusammenspiels ist. Dass die Person, die punktet, gut abgeschnitten hat, dass aber Raum für diesen Spieler von anderen geschaffen wurde, die nicht den gleichen Ruhm erhalten. Für Kinder ist dieses Konzept schwer zu verstehen. Durch die ständige Förderung von Bewegungen, die Raum für andere schaffen, entwickeln junge Mannschaften eine bessere Koordination in ihrem Teamspiel und werden zu einer echten Einheit und nicht zu einer Gruppe von Einzelpersonen.

Wir würden keine speziellen Übungen zur Raum suche empfehlen. Ein solches Szenario zu schaffen ist äußerst künstlich. Stattdessen schlagen wir vor, dass dies eine Fähigkeit ist, die durch andere Übungen und insbesondere Spielsituationen – konditioniert oder real – ständig gestärkt wird. Trainer sollten bereit sein, zu pfeifen und den

Spielverlauf zu stoppen. Dies gibt ihnen die Möglichkeit, ein gutes Spiel hervorzuheben. Sie sollten auch bereit sein, mit Einzelpersonen zu sprechen, während das Spiel weiterhin Möglichkeiten aufzeigt, wie sie effektiver Raum finden könnten.

Aus unserem Verständnis der kindlichen Entwicklung wissen wir, dass räumliches Bewusstsein ein Zustand ist, der sich im Laufe der Zeit entwickelt. Wir können das nicht ändern, aber was wir tun können, ist, das Potenzial eines Kindes zu maximieren, Räume auf dem Spielfeld zu erkennen. Auf diese Weise verfügen sie, wenn sie das Alter erreichen, indem sie das Gesamtbild eines Fußballspiels überblicken können, über die Fähigkeiten und das Wissen, Räume zu schaffen und zu nutzen.

Abseits

Es ist ein Albtraum. Dieser Superstürmer, der in der U11 nicht aufhören konnte zu punkten, kann bei der U12 plötzlich nicht mehr punkten. Schlimmer noch: Jedes Mal, wenn Ihre Mannschaft angreift, läuft er ins Abseits und der Ball geht verloren. Es ist ein erschreckend häufiges Szenario. Und das liegt absolut nicht am jungen Stürmer, sondern an der fehlenden Vereinsstruktur über alle Altersgruppen hinweg.

Dieser Fehler entsteht oft durch eine „Gewinnen um jeden Preis"-Mentalität, die den kurzfristigen Gewinn über die langfristige

Entwicklung stellt und erst dann zum Tragen kommt, wenn sich die Struktur des Spiels ändert.

Aus diesem Grund plädieren wir dafür, so zu spielen, als ob Abseits schon in einem viel jüngeren Alter als unter 12 Jahren die Regel wäre. Beginnen Sie vielleicht sogar schon mit unter 10 Jahren. Es könnte die Mannschaft das eine oder andere Tor in Spielen kosten. Allerdings wird dadurch der Übergang an dem Punkt, an dem Abseits zum Gesetz wird, viel einfacher zu erreichen sein. (Auf jeden Fall ist es unter den meisten Umständen keine gute Taktik, einen Stürmer im oberen Feld freistehen zu lassen – „Torhänger", wie wir es nannten). Der Stürmer fördert auch das Spielen des langen Balls, da die Mannschaft versuchen wird, den Ball nach vorne zu bringen, bevor sich die Verteidigung neu organisieren kann.

Das Gesetz des Abseits erklärt: Wir entschuldigen uns dafür, wenn dies wie eine kleine Platzverschwendung erscheint, aber wir sind der Meinung, dass es sich lohnt, auf die Grundsätze des Abseits hinzuweisen. Regel 11 ist die komplexeste im Fußball. Beobachten Sie einfach, wie Experten darüber streiten, ob dieser oder jener im Abseits stand, als der Ball ins Netz geschossen wurde, oder ob er das Spiel störte, während sein Teamkollege ein Tor erzielte. Wenn Sie hauptsächlich als Schiedsrichter oder Linienrichter arbeiten (Entschuldigung, Schiedsrichterassistent!), überspringen Sie bitte diesen kurzen Abschnitt. Aber es ist nützlich, sich an die Feinheiten des

Gesetzes zu erinnern. Wenn wir es selbst nicht vollständig begreifen, wie können wir es dann unserem jungen Team beibringen?

Hier zitieren wir von der Webseite des Fußballverbandes, www.thefa.com. Beobachtungen und Abbildungen sind in nicht kursiver Schriftart.

Abseitsposition

Es ist kein Vergehen, sich im Abseits zu befinden. (Mannschaften stellen heutzutage häufig Spieler auf, die im Abseits stehen. Dies führt zu Problemen für die Verteidigung, da sie entscheiden muss, ob sie sich zurückziehen will, um den Spieler zu freizustellen, wodurch mehr Raum für andere Gegner entsteht, oder ob sie den Spieler zurücklässt und riskiert, ihn zu decken in einer starken Position ein paar Pässe später. Trotz des Risikos ist diese letzte Option die beliebteste.)

Ein Spieler befindet sich in einer Abseitsposition, wenn:
* *sich ein Teil des Kopfes, Körpers oder der Füße in der gegnerischen Hälfte befindet (mit Ausnahme der Mittellinie) und*
* *irgendein Teil des Kopfes, Körpers oder der Füße näher an der gegnerischen Torlinie ist als der Ball und der vorletzte Gegner.*

- *Die Hände und Arme aller Spieler, einschließlich der Torhüter, werden nicht berücksichtigt.*

Ein Spieler befindet sich nicht in einer Abseitsposition, wenn er auf gleicher Höhe mit Folgendem ist:

- *vorletzter Gegner oder*
- *Letzte zwei Gegner*

(Hinweis: Dies schließt zwar fast immer den Torwart ein, muss aber nicht. Nur weil ein Verteidiger näher an der Linie steht als der Angreifer, schließt das nicht aus, dass er im Abseits steht, wenn der Torwart weiter oben auf dem Spielfeld steht.)

Offensive im Abseits

Ein Spieler, der sich zum Zeitpunkt des Ballspiels oder der Ballberührung* durch einen Mitspieler in einer Abseitsposition befindet, wird nur dann durch aktive Einmischung in das Spiel bestraft, wenn dies bedeutete:

- *das Spiel durch Spielen oder Berühren eines von einem Mitspieler gespielten oder berührten Balls zu stören oder*
- *einen Gegner zu stören durch:*

- *einen Gegner daran hindern, den Ball zu spielen oder spielen zu können, indem die Sichtlinie des Gegners deutlich behindert wird oder*
- *einen Gegner um den Ball herausfordern oder*
- *offensichtlich versucht wird, einen Ball zu spielen, der sich in der Nähe befindet, wenn diese Aktion auf einen Gegner trifft oder*
- *eine offensichtliche Aktion ausführen, die sich eindeutig auf die Fähigkeit eines Gegners auswirkt, den Ball zu spielen*

*Der erste Kontaktpunkt beim „Spielen" oder „Berühren" des Balls sollte verwendet werden

oder

- *Sich einen Vorteil verschaffen, indem man den Ball spielt oder einen Gegner behindert, wenn er:*
- *vom Torpfosten, der Querlatte oder einem Gegner abprallte oder abgelenkt wurde* (Beachten Sie hier das Wort „abgelenkt". Nur weil der Ball abprallt, bedeutet dies nicht, dass ein Spieler auf die Seite gestellt wird.)
- *von einem Gegner absichtlich gerettet wurde.*
- *Ein Spieler in einer Abseitsposition, der den Ball von einem Gegner erhält, der den Ball absichtlich spielt (außer durch eine absichtliche Parade eines Gegners), wird nicht als Vorteil betrachtet.*

(Beachten Sie, dass der Gegner, der den Ball spielt, dies absichtlich tun muss und nicht im Prozess eines „Blocks" oder einer Abwehr. Dies ist oft der Grund für Kontroversen, da der Schiedsrichter entscheiden muss, ob ein Verteidiger den Ball spielt, er versucht einen Ball zu klären oder zu passen – der Stürmer steht nicht im Abseits – oder der Ball entweder versehentlich von ihm abgelenkt oder ins Abseits gerettet wird.)

Von einer „Rettung" spricht man, wenn ein Spieler einen Ball, der ins Tor oder sehr nahe am Tor geht, mit irgendeinem Körperteil außer den Händen/Armen stoppt oder versucht, ihn zu stoppen (es sei denn, der Torwart befindet sich im Strafraum).

In Situationen, in denen:
- *Ein Spieler, der sich aus einer Abseitsposition bewegt oder in einer Abseitsposition steht, einem Gegner im Weg steht und die Bewegung des Gegners in Richtung des Balls behindert. Dies ist ein Abseitsvergehen, wenn es die Fähigkeit des Gegners beeinträchtigt, zu spielen oder um den Ball zu kämpfen; wenn sich der Spieler einem Gegner in den Weg stellt und den Fortschritt des Gegners behindert (z. B. den Gegner blockiert), sollte das Vergehen gemäß Regel 12 bestraft werden*
- *Ein Spieler in einer Abseitsposition bewegt sich in der Absicht, den Ball zu spielen, auf den Ball zu und wird gefoult, bevor er den Ball spielt oder zu spielen versucht oder einen Gegner um den Ball herausfordert. Das Foul wird so bestraft, wie es vor dem Abseitsdelikt stattgefunden hat*

* *ein Vergehen gegen einen Spieler in einer Abseitsposition begangen wird, der bereits den Ball spielt oder zu spielen versucht oder einen Gegner um den Ball herausfordert, wird das Abseitsvergehen so bestraft, wie es vor der Foul-Anfechtung stattgefunden hat*

Nichts für Ungut

Es liegt kein Abseitsdelikt vor, wenn ein Spieler den Ball direkt erhält von:

* *einem Abstoß*
* *einem Einwurf*
* *einem Eckball*

Straftaten und Sanktionen

Bei einem Abseitsvergehen verhängt der Schiedsrichter einen indirekten Freistoß dort, wo das Vergehen stattgefunden hat, auch wenn es sich in der eigenen Spielfeldhälfte des Spielers befindet.

Ein Verteidiger, der das Spielfeld ohne Erlaubnis des Schiedsrichters verlässt, gilt als auf der Tor- oder Seitenlinie befindlich, wenn er die Absicht hat, das Spiel durch Abseits zu unterbrechen oder bis die verteidigende Mannschaft den Ball in Richtung Mittellinie gespielt hat und sich außerhalb ihres Strafraumes befindet. Wenn der Spieler das

Spielfeld absichtlich verlassen hat, muss er verwarnt werden, wenn der Ball das nächste Mal außerhalb des Spiels ist. (Eine knifflige Angelegenheit, denn wenn ein Spieler verletzt ist und sich direkt vom Spielfeld auf die Torlinie dreht, spielt er auf der anderen Seite der Seite. Aus sportlicher Sicht ist es jedoch eine Herausforderung, in dieser Situation ein Tor zu erzielen. Fairplay bis zum Limit.)

Ein Angreifer darf das Spielfeld verlassen oder sich außerhalb des Spielfelds aufhalten und darf nicht am aktiven Spiel beteiligt sein. Wenn der Spieler die Torlinie erneut betritt und vor der nächsten Spielunterbrechung in das Spiel einbezogen wird oder die verteidigende Mannschaft den Ball in Richtung der Mittellinie gespielt hat und er sich außerhalb ihres Strafraums befindet, gilt der Spieler als zum Zwecke des Abseits auf der Torlinie positioniert. Ein Spieler, der ohne Erlaubnis des Schiedsrichters das Spielfeld absichtlich verlässt und wieder betritt, keine Abseitsstrafe erhält und sich einen Vorteil verschafft, muss verwarnt werden.

Bleibt ein Angreifer stationär zwischen den Torpfosten und im Tor, während der Ball in das Tor geht, muss ein Tor zuerkannt werden, es sei denn, der Spieler begeht ein Abseitsvergehen oder ein Vergehen nach Regel 12; in diesem Fall wird das Spiel mit einem indirekten oder direkten Freistoß fortgesetzt.

Nützlicher Hinweis: Regel 12 bezieht sich auf Fouls und Fehlverhalten. Mit anderen Worten: Straftaten, bei denen es zu Freistößen – direkt oder indirekt – und Strafstößen kommt.

Die gute Nachricht (wahrscheinlich) ist natürlich, dass solche Feinheiten auf Schüler- oder Mädchenebene selten angewendet werden. Das ist einer der Gründe, warum wir niemals dafür plädieren würden, eine Jugendmannschaft zu gründen, um eine Abseitsfalle auszuspielen. Dabei wird nicht nur die Taktik über die Entwicklung von Fähigkeiten gestellt, was niemals der Fall sein sollte, sondern es funktioniert auch selten.

Das Geheimnis, um nicht ins Abseits zu geraten, liegt im perfekten Zeitpunkt der Läufe. Die Ideen dazu finden Sie am Ende dieses Kapitels. Das richtige Zeitpunkt von Läufen ist eine Fähigkeit, unabhängig davon, ob es sich um eine Abseitsstellung handelt oder nicht. Das ist ein weiterer Grund, warum es ratsam ist, so zu spielen, als ob die Regel in Kraft wäre, egal welche Altersgruppe wir trainieren.

Breites Spiel

Ein Fußballplatz ist relativ breit. Die vorteilhafteste Position im Raum ist die Mitte des Spielfelds, da von hier aus die meisten Optionen zur Verfügung stehen. Allerdings ist dies das am dichtesten bepackte

Gebiet. Gute Teams nutzen die Breite, denn dort ist der Platz und lässt sich am einfachsten schaffen.

Transition ist der Ballbesitzwechsel von einer Mannschaft zur anderen. Gute Mannschaften versuchen, eng zu bleiben und den Raum einzuschränken, wenn sie nicht im Ballbesitz sind, und streuen die Spieler weit, wenn sie den Ball zurückgewinnen, um den Raum auszunutzen.

Offensivübung: Weite schaffen

Dies ist eine praktische Übung, da sie, obwohl sie konditioniert ist, die Übergangsphase eines Spiels nachbildet. Die Übung benötigt eine halbe Steigung. Es gibt drei Verteidiger, einen Torwart (der die Übung in Position beginnt) und fünf Angreifer. Es handelt sich also um eine Rondo-Übung, bei der es der angreifenden Mannschaft gelingen sollte, einen Torschuss zu erzielen. Der Ball startet in der Mitte. Es gibt Fahnen oder Kegel, die die Mittellinie und die Eckpunkte markieren.

Die Verteidiger beginnen dort, wo die Mittellinie auf die Seitenlinie trifft. Die Angreifer an der gegenüberliegenden Eckfahne. Die Übung beginnt damit, dass die Spieler entlang der Seitenlinie, um eine Flagge herum und in Position sprinten. Daher müssen die Spieler wie beim Wechsel hart arbeiten, um in die richtige Defensiv- oder Offensivposition zu gelangen. Die Offensivmannschaft nutzt ihre beiden Ersatzspieler, um auf beiden Seiten des Spielfelds Weite zu schaffen. Das Ziel der Mannschaft besteht darin, den Ball weit und in den Raum zu bringen, um eine Flanke zu ermöglichen, die ihr eine Torchance verschafft.

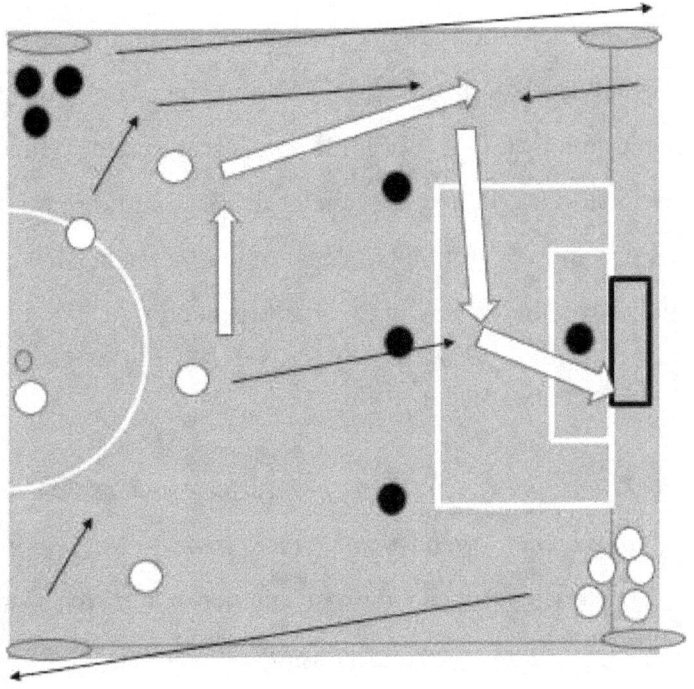

Hinweis: Für diese Übung haben wir die Spieler dupliziert und sowohl ihre Startpositionen als auch die Positionen gezeigt, die sie einnehmen können, wenn der Ball ins Spiel kommt. So besteht beispielsweise die Gruppe der Weißen aus denselben Spielern wie die verteilte Gruppe in der Nähe der Mittelbahn.

Dribbeln

Eine spannende Offensivfähigkeit. Trainer sollten die Spieler dazu ermutigen, beide Füße zu benutzen. Sie sollten den Spielern die Möglichkeit geben, individuelle Dribbling-Fähigkeiten zu üben, wie zum Beispiel den Übertritt oder das Absenken der Schulter. Beim Laufen mit dem Ball (d.h. wenn Platz vor dem Spieler vorhanden ist) achten Trainer darauf, dass die Spieler den Ball mit ihren Fußspitzen bewegen und ihn vor sich hinstoßen, um eine schnelle Bewegung zu ermöglichen, ohne den Schritt zu unterbrechen.

***Top Tipp:** Fördern Sie diese Fähigkeiten und belohnen Sie die Anstrengung immer, auch wenn sie nicht gelingt. Nur wenn die Spieler Spaß haben, können sie experimentieren und sich so selbst herausfordern, um sich zu verbessern.*

Dribbeln ist eine großartige Aufwärmaktivität, und die folgende Übung kann in jeder Sitzung verwendet und angepasst werden, da sie einfach anzuwenden ist, jeden Spieler einbezieht (sogar ein Torwart braucht im modernen Spiel gute Beinarbeit), schnell ist und wenig direktes Training erfordert.

Offensivübung: Dribbeln zum Aufwärmen

Halbe Länge des Spielfeldes. Die Spieler beginnen an einem Ende. Für enge Dribbelfähigkeiten werden eine Reihe von Hütchen nahe beieinander platziert. Auf halbem Weg gibt es einen Raum, in dem die Spieler ihre individuellen Fähigkeiten testen können. Drehen Sie am Ende den größeren Kegel um und laufen Sie mit dem Ball mit sehr schnell bis zur letzten Markierung, an der ein Pass zum nächsten verfügbaren Spieler erfolgt. Machen Sie bis zum Ende der Reihe weiter.

Indem ein andersfarbiger Kegel an der entsprechenden Stelle platziert wird, weiß der nächste Spieler, wann er loslaufen muss. Halten Sie die Übung am Laufen, es können immer mindestens vier Spieler gleichzeitig arbeiten.

Schießen

Die Geschwindigkeit und Genauigkeit, mit der ein Spieler schießen kann, entscheidet über den Erfolg einer Mannschaft. Daher sollte das Schießen eine Fähigkeit sein, die regelmäßig geübt wird. Entmutigen Sie niemals das Schießen, selbst wenn ein Schuss falsch getroffen wird. Es gibt ein altes Sprichwort, und es ist so wahr. „Man kann kein Tor erzielen, wenn man nicht schießt." Und Spieler schießen nicht, wenn sie Angst vor den Folgen eines Fehlschusses haben.

Die Schlüsselelemente eines guten Schusses sind folgende:

- Den Ball in einem Winkel von etwa 45 Grad zum Körper aufsetzen.
- Die Arme ausstrecken, um das Gleichgewicht zu halten, und den nicht tretenden Fuß sicher neben den Ball stellen.
- Den Kopf über dem Ball halten, um den Schuß niedrig zu halten.
- Mit der Fußspitze treten und den Ball durchschlagen.
- Den Anweisungen ruhig folgen.
- Auf die hinterste Ecke des Tores zielen. Versuchen, den Schuss niedrig zu halten, da dies für den Torwart schwieriger ist.

Es gibt viele Schießübungen. Die Folgende gefällt uns, weil sie Bewegung beinhaltet und mit der Hinzufügung eines Verteidigers weiterentwickelt werden kann.

Offensivübung: Passen und schießen

Ein Torwart und drei Stürmer sind beteiligt, weitere warten darauf, eingesetzt zu werden. Zwei Kegel werden auf einer Linie mit der Strafraumecke und etwa 5 Meter davon entfernt aufgestellt. Auf diesen Pfosten werden die Spieler zwei und drei platziert.

Spieler eins beginnt am Rand des Mittelkreises. Er passt zielgerichtet und über den Boden zu einem der anderen Spieler und rennt weiter. Der Spieler, der den Ball erhält, bereitet entweder einen Schuss für den Stürmer vor oder passt zu seinem anderen Mitspieler, der dann den Schuss vorbereitet.

Der Stürmer legt die Zeit seines Laufs für den ersten oder zweiten Ballkontakt fest.

Die Spieler wechseln sich ab, um sicherzustellen, dass alle Zeit haben, an der hier geübten Schlüsselkompetenz zu arbeiten.

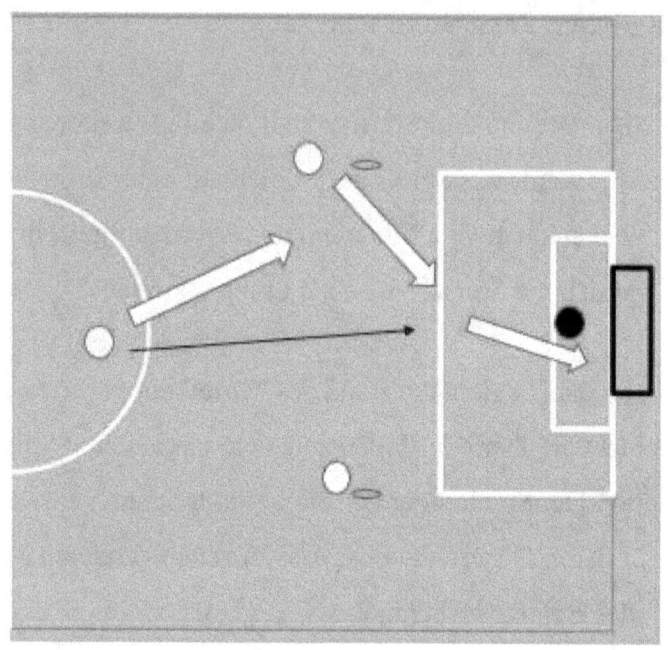

Zeitmessungsläufe

Endlich sind wir angekommen. So wie ein Stürmer am Ende einer Flanke landet oder ein Mittelfeldspieler zu spät in den Raum kommt, sind wir bei der in diesem Kapitel häufig erwähnten Hauptkompetenz angelangt. Wir haben immer wieder betont, wie wichtig der perfekte Zeitpunkt von Läufen ist. Wenn wir jungen Spielern diese Eigenschaft beibringen, wird sie ihnen (im wahrsten Sinne des Wortes) ihr gesamtes Spielerleben lang zur Verfügung stehen.

Bei einem zeitlich gut eingesetzten Lauf kommt der Spieler gleichzeitig mit dem Ball im Raum an. Dazu gehört ein gutes

Verständnis zwischen den Teamkollegen; sie müssen wissen, wo und wann der Spieler seinen Lauf ansetzen wird, er oder sie muss verstehen, wie sein Teamkollege seinen Pass abgeben wird.

Regelmäßiges gemeinsames Spielen hilft, doch noch wichtiger ist es, den Kopf oben zu halten. Die Kommunikation mit Worten oder Gesten ist der Schlüssel. So gut das Verständnis zwischen zwei Spielern auch sein mag, es ist nicht, wie hyperbolische Kommentatoren gerne behaupten, telepathisch. Es ist das Ergebnis des gemeinsamen Spielens, des Erkennens von Räumen und einer guten Kommunikation.

In den toten Winkel

Der tote Winkel ist der Raum hinter einem Verteidiger, der nicht in seinem peripheren Sichtfeld erfasst wird. Wenn Stürmer im toten Winkel agieren, können sie eine wertvolle Sekunde gewinnen, um Raum zu finden oder einen Schuss abzuwehren.

Offensivübung: In den toten Winkel

Dies ist eine Rondo-Übung mit vier gegen zwei plus einem Torwart. Ein Spieler liefert den Pass. In dieser Version gibt es zwei zentrale Spieler, die freigestellt werden, und den vierten Spieler, der außen bleibt. Die Stürmer bewegen sich auf den Ball zu und lassen dabei die Torseite ihres Verteidigers hinter sich.

Sie drehen sich und laufen hinter den Verteidiger, und der Ball wird innerhalb des Verteidigers entweder zum Außenspieler oder zum Stürmer weitergegeben, der den Lauf gemacht hat. Der Stürmer nutzt den geschaffenen Raum, um einen Schuss abzuwehren. Andere Spieler unterstützen sich dabei, Optionen anzubieten oder Rebounds einzusammeln.

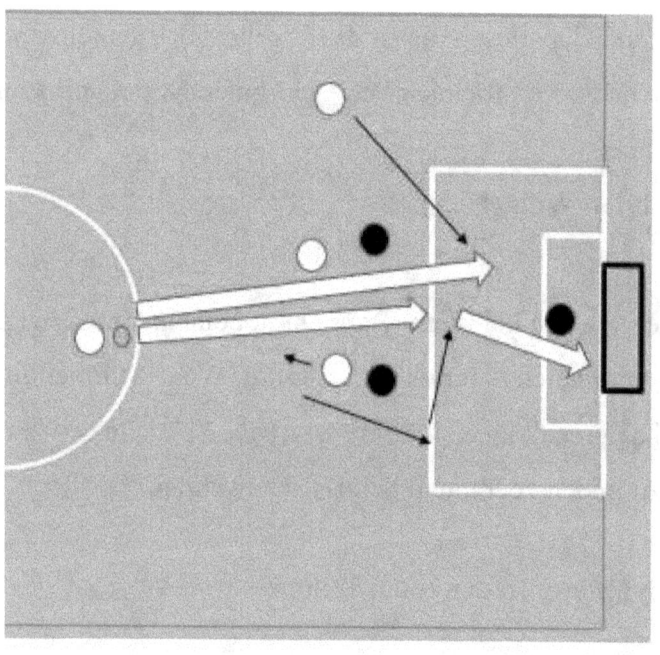

Im Bogen laufen, um Abseits zu vermeiden

Da bis auf die Kleinsten alle diesen Sport ausüben, lässt sich das Konzept des Bogenlaufs effektiver nutzen, wenn Verständnis dafür vorhanden ist.

Sicherlich ist es eine wesentliche Fähigkeit eines Stürmers, wenn im Abseits gespielt wird. Auch wenn dies nicht der Fall ist, ist das frühe Erlernen dieser Fertigkeit keine schlechte Sache. Im Wesentlichen bringt diese Bewegung folgende Vorteile mit sich:

- Der Stürmer ist bereits in Bewegung und kann dadurch effektiver beschleunigen.
- Der Stürmer weiß, wann er einen Bogen laufen wird, und das verschafft ihm einen Vorteil gegenüber einem Verteidiger.
- Die Verteidigung wird umgedreht. Verteidiger bevorzugen es, mit dem Rücken zum Tor zu verteidigen und nicht in die eigene Gefahrenzone zu rennen.
- Ein Tackling von hinten durchzuführen ist sehr viel schwieriger, als ein Tackling von der Seite oder ein Blocktackling. Selbst wenn der Ball erobert wird, besteht die Gefahr, dass der Verteidiger durch den

Angreifer hindurchkommt, um den Ball zu erobern und einen Freistoß zu vergeben.

- Ein Tackling zur falschen Zeit von hinten, kann oft zu einer roten Karte führen, wenn dadurch ein Stürmer gestoppt wird, der sich außerhalb des Tors befindet. Im Jugendfußball ist dies in der Regel nicht der Fall.
- Das Drehen einer Verteidigung führt dazu, dass sie ihre Form verliert und mehr Raum für andere Spieler schafft.
- Wenn der Stürmer schließlich seinen Lauf erfolgreich abwehrt und der Steilpass präzise ist, ergibt sich oft eine Torchance.

Allerdings ist ein gutes Verständnis zwischen Stürmer und Spielmacher erforderlich. Diese Beziehung wird im Training und durch das gemeinsame Spielen entwickelt. Dennoch lernt der erfolgreiche Stürmer, wann ein guter Zeitpunkt ist und nicht so klug ist, einen Bogenlauf zu versuchen.

Wenn der im Ballbesitz befindliche Mittelfeldspieler stark unter Druck gesetzt wird, ist es viel schwieriger, einen verteidigungsspaltenden Pass zu erzielen. In solchen Situationen ist ein guter Stürmer besser einzusetzen, indem er kurz auf den Mittelfeldspieler zuläuft, um ihm einen leichteren Pass zu ermöglichen.

Wenn der Mittelfeldspieler jedoch Raum hat, ist das ein guter Zeitpunkt, den Lauf abzuwehren und sich auf den Raum hinter der Abwehr zu konzentrieren.

Die besten Stürmer entwickeln auch ein Bewusstsein für ihre Teamkollegen. Es kann sein, dass ein kurzer Anlauf auf den Ball einem Mitspieler eine bessere Möglichkeit gibt, in dem gerade entstandenen Raum einen Bogen zu laufen.

Schließlich ist es bei jungen Spielern wirklich wichtig, dass ihre Läufe mit Lob belohnt werden. In den meisten Fällen bereitet der Stürmer seinen Bogen vor, setzt einen Beschleunigungsstoß in Gang und muss sich dann wieder abbremsen, weil der Pass nicht ausgeführt wird. Dies kann für den Stürmer demoralisierend sein, da er verstehen muss, wie wichtig es ist, seine Bewegungen auszuführen. Bei der Nummer 9 geht es nicht nur darum, großartige Tore zu schießen und Ruhm zu erlangen, sondern auch um harte Arbeit.

Die gute Nachricht für junge Spieler ist, dass der Mittelstürmer im Profispiel oft die erste Person ist, die taktisch ersetzt wird. Der übliche Grund dafür ist, dass der Stürmer so viele Läufe gemacht hat – viele davon haben nicht dazu geführt, dass er einen Pass erhalten hat –, und er eine Pause braucht!

Offensivübung: Der Bogenlauf.

Der Aufbau für diese Übung ist derselbe wie für Übung 17 A. In diesem Beispiel starten die Stürmer jedoch von einer etwas tieferen Position auf dem Spielfeld, sodass hinter der Verteidigung mehr Raum für den Passspieler bleibt, um den Ball zu liefern. Es gilt Abseits.

Nützlicher Hinweis: *Etwas weiter oben auf dem Spielfeld zu beginnen, kann von der Verteidigung vorgegeben werden. Taktisch gesehen drückt eine höhere Linie das Mittelfeld zusammen, was es schwieriger macht, einen Schlüsselpass zu erzielen, aber der Nachteil ist, dass die Verteidigung dahinter mehr Raum lässt, den ein schneller Offensivspieler ausnutzen kann.*

Die drei angreifenden Spieler teilten sich jeweils eine Breite auf jeder Seite und eine in der Mitte. Sie laufen seitlich über das Spielfeld und zeigen an, wann der Pass ausgeführt werden soll. In diesem Moment ändern sie die Richtung und sprinten auf das Tor zu, wobei sie ihren Verteidiger als Hilfe nutzen, wenn sie freistehend werden. Beachten Sie, dass dies ein legaler Schulter-an-Schulter-Kontakt sein muss. Der Ball wird in den Raum hinter der Abwehr gespielt. Dies ist wahrscheinlich die einfachste Art, einen Lauf zu zeitlich abzustimmen, da hier die größte Fehlertoleranz besteht.

Das Mittelfeld durchbrechen

Offensivübung – Das Mittelfeld durchbrechen

Also auf zur komplexesten Art, die Abseitsfalle zu durchbrechen. Um im Mittelfeld Raum für eine Ballfolge zu schaffen, bedarf es großartiger Teamarbeit. Dabei hat jeder Spieler eine individuelle Aufgabe. Spieler eins passt den Ball in den Raum für den Mittelfeldläufer.

Spieler zwei kommt auf den Ball zu und nimmt seinen Verteidiger mit. Gleichzeitig schießt Spieler drei mit einem seitlichen Lauf am Tor seines Verteidigers vorbei. Dieser Spieler ändert dann die Richtung seines Laufs in Richtung Tor, um den Mittelfeldspieler bei Bedarf zu unterstützen.

Spieler vier, der Mittelfeldläufer, lenkt seinen Lauf in den von seinen Teamkollegen geschaffenen Raum. Pass und Lauf sollten zeitlich so abgestimmt sein, dass sich der Spieler so nah wie möglich an der Abseitslinie befindet, damit er seine Ballfolge optimal nutzen kann, um eine Torgelegenheit zu schaffen.

Beginnen Sie die Übung, indem Sie die Bewegungen durchgehen, um die Spieler an ihre Rolle zu gewöhnen, und erhöhen Sie dann das Tempo. Die Übung geht dann in die dritte Phase über, in der ein 4-

gegen-2-Spiel (plus ein Torwart) gespielt wird, bei dem die Offensivmannschaft Torchancen schaffen muss. Wenn die Offensivmannschaft Schwierigkeiten hat, kann ihr ein zusätzlicher Spieler hinzugefügt werden, um ihre Passoptionen zu erweitern.

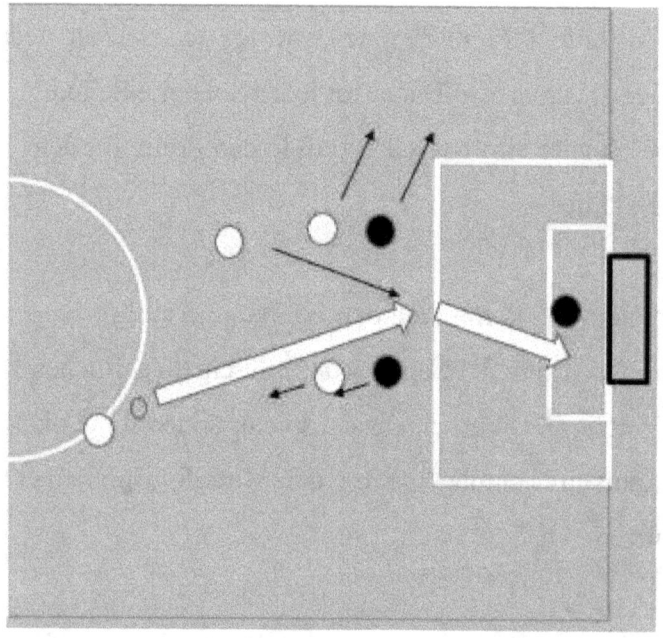

In diesem Kapitel zum Offensivspiel sind wir ziemlich technisch vorgegangen. Kinder kommen mit dieser Art von technischem Training zurecht, vorausgesetzt, es macht Spaß, ist aktiv und der Trainer ermutigt die Spieler zum Experimentieren und übt keine Kritik, wenn sie etwas falsch machen.

Trainer müssen sich jedoch auch darüber im Klaren sein, dass sie das Spiel junger Menschen einschränken. Obwohl alle technisch von den in diesem Kapitel vorgestellten Übungen profitieren werden, müssen wir uns auch darüber im Klaren sein, dass die Kreativität junger Menschen nicht eingeschränkt wird. Es ist diese Kreativität, die es einem sehr guten jungen Spieler ermöglicht, sich zu einem Ausnahmespieler zu entwickeln.

Die besten Trainer nutzen ihr Urteilsvermögen und sind nicht an das Trainerhandbuch gebunden.

Eine kurze Nachricht des Autors:

Hey, gefällt Ihnen das Buch? Ich würde gerne Ihre Meinung hören! Viele Leser wissen nicht, wie schwierig es ist, an Rezensionen zu kommen und wie sehr sie einem Autor helfen.

```
Customer Reviews
★★★★★ 2
5.0 out of 5 stars
5 star ████████ 100%     Share your thoughts with other customers
4 star              0%
3 star              0%   [ Write a customer review ]  ⬅
2 star              0%
1 star              0%
See all verified purchase reviews ›
```

Ich wäre Ihnen unglaublich dankbar, wenn Sie sich nur 60 Sekunden Zeit nehmen könnten, um eine kurze Rezension auf Amazon zu schreiben, auch wenn es nur ein paar Sätze sind!

>> [Klicken sie hier, um eine kurze Rezension zu hinterlassen](#)

Vielen Dank, dass Sie sich die Zeit nehmen, Ihre Gedanken mitzuteilen! Ihre Bewertung macht für mich wirklich einen Unterschied und trägt dazu bei, meine Arbeit bekannter zu machen.

Dribbelfähigkeiten

Dribbeln ist einer der aufregendsten Aspekte des Spiels. Es hat etwas unbeschreiblich Beeindruckendes, einem schnellen Flügelspieler dabei zuzusehen, wie er sich vom Seitenstreifen absetzt, den Ball schlägt und an einem Außenverteidiger vorbeirast und den Verteidiger im Regen stehen lässt.

Wir haben uns zuvor damit befasst, wie allgemeine Dribbling-Fähigkeiten als Teil des Aufwärmens vor einer Trainingseinheit entwickelt werden können. In diesem Kapitel werden wir uns ausführlicher mit spezifischen Übungen und Techniken befassen, die den Spielern helfen, ihre Dribbling-Fähigkeiten und -Techniken zu verbessern.

Kinder lieben es zu dribbeln. Die Herausforderung besteht oft darin, sie zum Passen zu bewegen und nicht den Ball an ihren Füßen kleben zu lassen. Der Trainer hat also einen positiven Start hingelegt. Der nächste Schritt besteht darin, den natürlichen Enthusiasmus, der aus jeder Pore junger Fußballspieler strömt, zu nutzen und ihn in die Fähigkeiten zu verwandeln, die ihnen während ihrer gesamten Spielerkarriere von Nutzen sein werden.

Dribbelübung: Tagging Spiel (Fangen)

Diese Übung ist eine großartige Möglichkeit, Kindern die Schlüsselfertigkeiten des Dribbelns beizubringen. Genaue Kontrolle, Nutzung beider Füße, wie Innenspann und Außenspann, und, was wichtig ist, das Halten des Kopfes nach oben.

Es ist ein lustiges Spiel, ideal zum Aufwärmen, schnell aufgebaut und mit viel Aktion verbunden, also perfekt für junge Spieler.

Der Trainer legt ein großes Raster fest – der Mittelkreis oder eine Strafbank funktionieren genauso gut. Das gesamte Team nimmt teil. Jeder Spieler hat einen Ball und muss in den Strafraum dribbeln, ohne ihn zu verlassen. Ein Spieler trägt eine Armbinde und das ist der „Tagger" (der Fänger). Sein Ziel ist es, einen der anderen Spieler zu berühren oder zu fangen. Dies ist nur möglich, während der Tagger seinen Ball selbst unter Kontrolle hat.

Der Trainer überwacht das Geschehen und erinnert die Spieler ständig daran, den Kopf hochzuhalten und beide Füße sowie die Innen- und Außenseite zu benutzen.

Dribbelübung: Entscheidungen treffen

Für Spieler, die dribbeln, ist die Entscheidungsfindung immer wichtig. Wann muss man passen? Soll ich schießen? Soll ich gegen einen anderen Spieler antreten? Diese Entscheidungen sind nicht nur herausfordernd, wenn der Ball unter ihren Füßen liegt und sie Zeit haben, über die Optionen nachzudenke; vor allem erhöht sich der Schwierigkeitsgrad ständig, wenn sie getroffen werden müssen, während sie im schnellen Lauf sind.

Und wenn die falsche Entscheidung getroffen wird, kann die ganze gute Dribbling-Arbeit umsonst sein. Wie oft haben wir erlebt, dass ein talentierter Flügelspieler nach und nach aus einem Team verschwindet, weil seine endgültige Entscheidung schlecht war?

An dieser Übung sind drei Teams mit jeweils drei Spielern beteiligt. Einer der Spieler wird als Torwart nominiert und dieser Spieler kann ausgewechselt werden. Markieren Sie ein grobes Dreieck mit einer Seitenlänge von 20 m. Ein Kegel pro Ecke ist in Ordnung, und Trainer sollten sich keine allzu großen Sorgen machen, wenn die Bälle aus dem Spielfeld geraten. An jeder Seite ist ein kleines Tor angebracht.

Die Übung kann sich ordentlich entwickeln. Stufe eins ist ein einfaches Dribbling zwischen Angreifer und Torwart. Jede Mannschaft dribbelt den Ball und versucht, ins Tor zu ihrer Linken zu punkten. Dies kann nach Wunsch des Trainers auf das Tor zu seiner Rechten vertauscht werden. Es handelt sich um eine kontinuierliche Aktivität, bei der der zweite Spieler jeder Mannschaft beginnt, sobald seine Mannschaft den Torschuss ausgeführt hat.

Nach ein paar Runden wird ein Verteidiger hinzugefügt. Somit besteht das Dreierteam nun aus einem Verteidiger, einem Dribbler und einem Torwart. In dieser 1-gegen-1-Phase ist die Wertung schwieriger.

Der Hauptteil der Übung besteht aus einem gleichzeitigen 3 x 3 x 3-Spiel, bei dem alle drei Tore im Einsatz sind. Teams können jedes Tor erzielen, außer ihr eigenes. Wie man sich vorstellen kann, wird die Übung nun sehr aktionsgeladen und das Spiel bewegt sich in alle Richtungen. Dadurch wird die Verwirrung eines echten Spiels wiederhergestellt. Außerdem treffen die Spieler ständig Entscheidungen. Wann angreifen? Wann verteidigen? Passen oder dribbeln?

Auf diese hervorragende Übung kann zurückgegriffen werden, während die Spicler ihre individuellen Fähigkeiten weiterentwickeln. Für den Trainer besteht die Herausforderung darin, ob er individuelle Fertigkeiten vor den in dieser Übung entwickelten taktischen Fertigkeiten einführt.

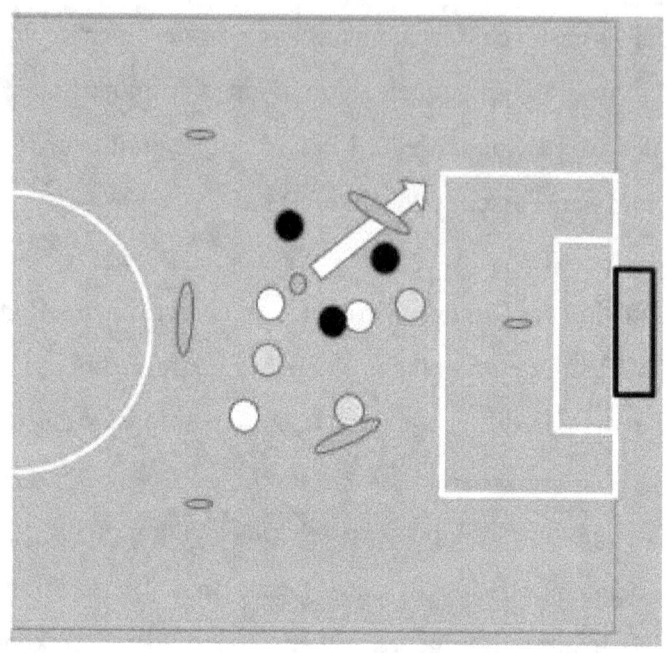

Normalerweise würden wir empfehlen, die technischen Fertigkeiten vor der taktischen Fertigkeit zu üben. Dribbeln ist vielleicht die einzige Ausnahme von dieser Regel. Das liegt daran, dass es etwas ist, was junge Spieler von Natur aus tun. Tatsächlich können sie zu viel dribbeln. Deshalb ist es wichtig, sie dazu zu bringen, darüber nachzudenken, was sie mit ihren Dribblings tatsächlich erreichen werden. Wenn sie die richtige Entscheidung treffen, wird ihre Erfolgsquote steigen und damit auch ihr Selbstvertrauen. Dadurch sind sie bereit, mehr zu experimentieren und so ihre persönlichen Dribbling-Fähigkeiten zu entwickeln.

Dribbelübung: Richtungswechsel nach innen

Beim Flügelspiel geht es nicht nur darum, weit zu dribbeln und zu flanken. Tatsächlich versuchen viele Teams mittlerweile, einen überwiegend rechtsfüßigen Spieler auf der linken Seite des Spielfelds einzusetzen und umgekehrt. Einerseits kann dies den Verteidigern helfen, da sie erkennen können, dass der Spieler wahrscheinlich vor dem Pass oder der Flanke nach innen auf seinen stärkeren Fuß greift. Durch den Richtungswechsel nach innen können Dribbler jedoch in Schusspositionen gelangen.

Der phänomenale französische Stürmer Thierry Henry war ein echter Spezialist, indem er von der linken Seite des Spielfelds nach innen schoss, auf den rechten Fuß wechselte und dann seinen Körper öffnete, um den Ball seitlich ins lange Eck zu schießen. (Wenn er zweifüßig ist, ist der Spieler natürlich noch gefährlicher!)

Zeigen Sie Ihren jungen Spielern Clips seiner Tore. Sie bieten einen echten Einblick, wie ein Stürmer diese Fähigkeit mit erstaunlicher Wirkung einsetzen kann.

Der Richtungswechsel nach innen schafft auch Raum für einen Außenverteidiger oder Flügelverteidiger, um aus dem Dribbler herauszukommen, was für den Verteidiger ein doppeltes Problem darstellt. Versucht er, den Dribbler zu verfolgen, oder versucht er, den überlappenden Spieler zu decken? Diese kurze Pause während einer Entscheidung reicht häufig aus, damit der dribbelnde Stürmer seinen Pass oder Schuss abwehren kann.

Diese Übung beinhaltet eine Reihe von Optionen und daher ist die Entscheidungsfindung von entscheidender Bedeutung. Es handelt sich um eine Übung im Rondo-Stil mit drei Angreifern gegen einen Verteidiger und einen Torwart.

***Top Tipp:** Stellen Sie einfache Dribbling-Übungen wie Dribbeln, Richtungswechsel und Schießen auf, die Sie in jeder Trainingseinheit anwenden können. Sie sind schnell zu organisieren, einfach zu erklären und im Laufe einer Saison werden junge Spieler viel besser im Dribbeln.*

Spieler eins ist der Dribbler. Er oder sie dribbelt und wechselt hinein. Spieler zwei ist der Außenverteidiger. Dieser Spieler läuft an der Außenseite des Flügelspielers entlang, um ihm eine Passmöglichkeit zu bieten. Spieler drei ist Stürmer. Er oder sie läuft seitlich (um vorzugeben, dass er auf der Seite bleibt) und wechselt im 45-Grad-Winkel, um entweder den Pass für einen Schuss zu erhalten oder den Verteidiger abzuziehen, um Platz für den Dribbler zu schaffen. Der Verteidiger versucht, der Bewegung des Balls zuvorzukommen und dagegen zu verteidigen.

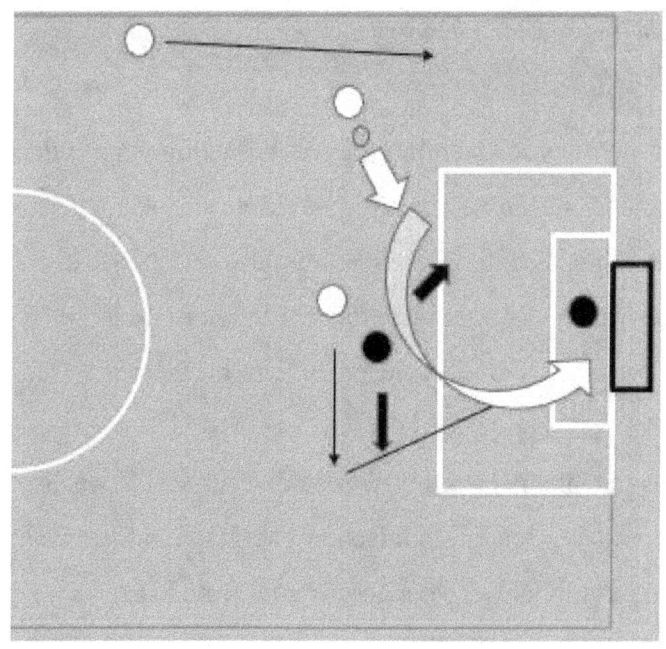

Der Trainer sollte hier die Mannschaft ermutigen, schnell voranzukommen; Raum für ein solches Dribbling entsteht oft in der Übergangszeit, und daher muss der Angriff schnell (in einem Spiel) abgeschlossen werden, bevor sich die Verteidigung neu organisieren kann. Der Trainer sollte das Laufen ohne Ball, die Kommunikation und die beste Entscheidungsfindung für den Spieler im Ballbesitz fördern.

Dribbeln gegen den Torwart

Stürmer werden sich in 1-gegen-1-Situationen mit dem Torwart wiederfinden. Sie sollten ermutigt werden, sich schnell zu entscheiden und schnell anzugreifen. Wenn ein defensiver Spieler die Verfolgung aufnimmt, muss der Angreifer diesem Spieler querlaufen, um seinen Körper zwischen Verteidiger und Ball zu bringen.

Das macht ein Tackling sehr schwierig. Bei Erwachsenen droht dem Verteidiger bei einem falschen Tackling ein Strafstoß und je nach Spielstärke und Schwere des Spiels eine Rote Karte.

Es ist unwahrscheinlich, dass es im Jugendbereich zu einer roten Karte kommt, es sei denn, das Spiel entspricht dem höchsten Niveau dieser Altersgruppe. Dennoch ist es wichtig, den Jugendlichen die beste Spielweise beizubringen.

Der Stürmer hat beim Angriff auf den Torwart mehrere Möglichkeiten. Damit der Stürmer die beste Entscheidung treffen kann, müssen die Geschwindigkeit, mit der er sich bewegt, der Grad der Ballkontrolle, die Position des Torwarts und der Annäherungswinkel berücksichtigt werden.

Wir empfehlen, alle Optionen zu üben, damit sich die Spieler bei der gewählten Route sicher fühlen.

Frühes Schießen: Der Torwart ist bestrebt, die Winkel für den Stürmer so schnell wie möglich zu verkleinern. Es kann effektiv sein, zu schießen, bevor der Torwart Zeit dazu hat. Die Vorteile dieses frühen Schusses sind:

- Der Stürmer steht weniger unter Druck.
- Der Torwart ist nicht darauf eingestellt, den Schuss abzuwehren.

Allerdings kommt der Schuss von weiter außen, was einen größeren Spielraum für Fehler bietet.

Schießen aus der Nähe des Torwarts: Ein guter Torhüter wird versuchen, den Winkel, in dem ein Schuss ins Netz geht, so klein wie möglich zu halten, sich selbst aber so groß wie möglich zu machen. Ein Stürmer, der zuversichtlich ist und weiß, dass er es schaffen wird, punktet normalerweise im 1-gegen-1-Spiel; wer unentschlossen ist, verfehlt normalerweise seinen Schuss oder dieser wird gehalten. Der Torwart ist daher bestrebt, diese Unentschlossenheit zu maximieren.

Ein Stürmer kann dies verhindern, indem er schießt, wenn er sich selbst in der besten Position fühlt. Ermutigen Sie die Stürmer bei Übungen, ihre Schläge fest mit dem Spann auszuführen. Der Ball sollte nahe zum Torwart gerichtet sein, aber weit genug weg, dass er nicht mit den Füßen gehalten werden kann. Oft wird ein fester Flachschuss unter den Torwart geschickt, während dieser versucht, sich so groß wie möglich zu machen.

Vor- und Nachteile dieses Ansatzes:

- Das Ziel sollte leicht zu treffen sein.
- Aber der Torwart ist gut aufgestellt und hat die Ecken zugemacht.

Dennoch ist dies in der Regel die Herangehensweise, die Stürmer am häufigsten anwenden. Wir können Kinder dazu ermutigen, dem Beispiel besserer Spieler zu folgen und diese Methode als ihre normale Herangehensweise zu betrachten. Das heißt nicht, dass sie sich nicht anpassen sollten, wenn die Umstände es erfordern. Daher sollten alle Methoden in Übungen geübt werden.

Den Torwart chippen: Sehr spektakulär; und sehr schwer zu erreichen. Das Ziel besteht darin, dass der Stürmer seine Schulter senkt oder „die Augen wandern lässt", um den Torwart dazu zu bringen, sich auf einen Sturzflug vorzubereiten. Beim Abstoß lehnt sich der Stürmer leicht nach hinten und sticht mit dem Fuß unter den Ball, um ihn anzuheben.

Dies ist zwar die spektakulärste Art, ein 1-gegen-1-Spiel mit einem Torwart zu beenden, und wenn es funktioniert, ist es äußerst befriedigend, birgt aber auch Risiken.

- Die Kontrolle von Richtung und Höhe ist schwierig, da der Ball mit den Zehen geschlagen wird.
- Wenn der Torwart sich nicht täuschen lässt und groß bleibt, kann er den Schuss leicht stoppen.

Den Torwart umgehen

Auch hier kann die Anwendung einer Täuschung dabei helfen, den Torhüter zu bannen. Der Stürmer möchte, dass er früh zu Boden geht, damit er umgangen werden kann. Eine gute Möglichkeit zum Üben besteht darin, junge Stürmer dazu zu bringen, einen Innenspann vorzutäuschen und den Ball mit der Außenseite in die entgegengesetzte Richtung weit zu ziehen. Auf diese Weise getäuscht, wird der Torwart wahrscheinlich in die falsche Richtung springen.

Die meisten Torhüter ziehen es vor, dass der Stürmer versucht, sie zu umgehen, und sie bereiten sich darauf vor, dies zu verhindern. Das allein ist ein guter Grund, diese Methode sparsam einzusetzen. Da Stürmer jedoch heutzutage dazu neigen, in 1-gegen-1-Situationen zu schießen, überrascht es manchmal, wenn der herannahende Mann oder die herannahende Frau versucht, den vorrückenden Torwart zu umgehen.

Dies ist besonders effektiv, wenn der Torwart versucht, zu schnell zu zumachen, da er sonst aus dem Gleichgewicht gerät, wenn der Ball die Richtung ändert.

Der Versuch, den Torwart zu umgehen, bringt Vor- und Nachteile mit sich. Auf der positiven Seite:

- Wenn der Torwart den Ball nicht richtig abfängt, ist ein Tor oder ein Elfmeter sehr wahrscheinlich.
- Torhüter erwarten einen Schuss.

Andererseits:

- Der Torwart kann über die volle Länge gehen, um den Ball zu gewinnen, daher muss er möglicherweise weit geschlagen werden, um am Gegner vorbeizukommen.
- Dadurch kann der Ball weit ins Tor gehen, was den Winkel für den Schuss schwierig macht, selbst wenn er in ein offenes Tor geht.
- Da der Vorgang langsamer ist als der Versuch eines Schusses, haben die Verteidiger einen größere Chance wieder in Deckung zu gehen.

- Angreifer könnten ihr Gleichgewicht verlieren, wenn sie bei hohem Tempo die Richtung wechseln.

Unabhängig davon, welchen Ansatz die Stürmer wählen, wenn sie den Torwart angreifen, ist es eine Übung, an der sie im Training wirklich viel Freude haben werden. Es ist eine Win-Win-Win-Situation.

Stürmer haben die Möglichkeit zu dribbeln (überprüfen), zu schießen (überprüfen) und zu punkten (doppeltes Häkchen). Torhüter haben die Möglichkeit, ein Held zu sein. Und wem gefällt das nicht? Vor allem, wenn sie zehn Jahre alt sind!

Lernen Sie Fußball, indem Sie fernsehen

Fußballspielen macht so viel Spaß, dass es kaum verwundert, dass es der beliebteste Mannschaftssport der Welt ist. Es ist eine Sportart, die fast ohne Ausrüstung ausgeübt werden kann. Etwas zum Treten (am besten ein Ball!) und zwei Springer als Torpfosten.

Gleichzeitig ist es in seiner organisierten Form hochtechnisch und komplex. Tore zu erzielen ist im Fußball relativ selten. Das ist wichtig für das Spiel. Zu verschiedenen Zeiten gab es Vorschläge, die Tore zu vergrößern, um die Wandlungs-Raten der Schüsse zu erhöhen. Aber der intensive Nervenkitzel beim Torerfolg wird dadurch noch verstärkt, dass es nicht so oft vorkommt.

Andere Gründe, die Fußball zu einem großartigen Zuschauersport machen, sind grundlegender Natur: Der Ball ist groß genug, um gut gesehen zu werden, und das Spielfeld ist groß genug, um große Menschenmengen zuzulassen.

Aber Fußball ist am besten, wenn die Spieler Leidenschaft haben. Leidenschaft beim Spielen … aber auch für das Spiel im Allgemeinen. Das bedeutet, ein Team zu haben, das man unterstützen kann. Es ist eine Freude, Ihrem lokalen Team zuzuschauen, egal auf welchem Niveau es spielt, oder dem Team eines Freundes. Noch besser ist es, eine professionelle Seite zu unterstützen. Allerdings ist das in den USA aufgrund der Größe des Landes und der relativ wenigen Top-Proficlubs nicht so einfach wie in vielen anderen Teilen der Welt.

Live in Los Angeles und LA Galaxy ist die einzige vollprofessionelle Option. Live in London können junge Fans Arsenal, Chelsea, West Ham United, Charlton Athletic, Queens Park Rangers, Barnet, Crystal Palace, Fulham, Tottenham Hotspurs und so weiter besuchen.

Aber auch kleine Kinder können europäische Mannschaften verfolgen und sie regelmäßig im Fernsehen sehen. Es gibt viele Einflüsse, die aus einem Jugendlichen einen Fan machen, und Erfolg ist einer davon. Hier ist ein kurzer Überblick über einige der besten europäischen Teams. Unser Ziel ist es, die Begeisterung der Kinder für das Spiel zu wecken. Ja, sie lernen am meisten durch Spielen, aber eine Mannschaft zu unterstützen bedeutet, dass sie (sicherlich, wenn sie neun oder zehn Jahre alt sind) Spaß daran haben werden, ihre Mannschaft im Fernsehen zu sehen. Dann lernen sie, indem sie den Besten zuschauen, die Analysen von Experten nach dem Spiel studieren und die Leistung ihrer eigenen Lieblingsspieler beobachten. Das alles kann ihre Liebe zum Spiel nur fördern.

Spanien: Hier dominieren zwei Teams. Barcelona und Real Madrid. Wahrscheinlich sind sie die beiden erfolgreichsten Mannschaften Europas, ihre Dominanz wird jedoch nur entfernt von einer anderen Mannschaft, Atlético Madrid, in Frage gestellt.

Deutschland: Auch hier wird der deutsche Fußball derzeit von zwei Mannschaften dominiert. Das ist Bayern München mit seiner etablierten Erfolgsgeschichte. Aber derzeit haben die neuen Jungs im Block, Dortmund, die Nase vorn.

Frankreich: Während der französische Fußball auf nationaler Ebene auf Hochtouren läuft – sie haben 2018 die Weltmeisterschaft gewonnen – ist es auf Vereinsebene leider ein nicht wettbewerbsorientiertes Ein-Pferde-Rennen. PSG hat das ganze Geld und gewinnt daher alle Trophäen.

Italien: Während der französische Fußball auf Hochtouren läuft, hat der italienische Fußball ein wenig zu kämpfen. Aber es gibt jede Menge Konkurrenz auf Ligaebene. Die Mailänder Teams AC und Inter sind traditionelle Hochburgen. Roma sind auf einem Höhepunkt. Juventus ist derzeit das stärkste italienische Team.

England: Viele glauben, dass die englische Premier League die wettbewerbsintensivste ist, da jede der sechs Mannschaften häufig

Pokal- und Ligasiege erzielt. Die meisten Spiele sind auch im Fernsehen verfügbar. Die Spitzenteams sind die Vereine Manchester, United and City, Liverpool und drei Londoner Mannschaften: Arsenal, Tottenham Hotspurs und Chelsea.

Sobald junge Spieler ihre Mannschaft haben, kann es eine wirklich nützliche Möglichkeit sein, sie im Fernsehen zu sehen, die ihnen hilft, das Spiel zu verstehen. Eltern und Trainer können es damit diesen jungen Spielern erleichtern, sich auf die vielen Aspekte des Spiels zu konzentrieren. Ermutigen Sie sie, sich mit ihrer Lieblingsmannschaft und ihren Lieblingsspielern auseinanderzusetzen. Das Beobachten von Meistern kann ihr Verständnis für die Techniken des Spiels nur verbessern. Spieler wie Virgil Van Dyke in der Abwehr, Mesut Özil im Mittelfeld, Lionel Messi oder Ronaldo im Sturm und insbesondere der neueste Star des Spiels, Kylian Mbappe, sollten sich positiv auf die Entwicklung junger Spieler auswirken.

In den folgenden Bereichen kann Fernsehen sowohl Unterhaltung als auch ein großartiges Lernerlebnis bieten. Dabei handelt es sich um Teile des Spiels, die bei der Analyse nach dem Spiel häufig aufgegriffen werden. Wenn diese jedoch nicht verfügbar oder für das, was wir erreichen möchten, ungeeignet sind, können uns die Schaltflächen „Pause" und „Wiederholen" dabei helfen, die Berichterstattung zu unserem Vorteil zu nutzen. Einige Berichterstattungen verfügen über eine „Spielerkamera", die einen bestimmten Spieler verfolgt. Dies kann nützlich sein, um jungen Spielern zu zeigen, dass ihre Profihelden während eines Spiels hart arbeiten müssen. Wir haben für jeden Aspekt einen Tipp oder einen Schwerpunkt angeboten, aber diese variieren natürlich je nach den Interessen und Bedürfnissen der jungen Spieler sowie ihrer Einstellung zum Studium des Spiels.

Wir sollten nie aus den Augen verlieren, dass Fußball Spaß machen soll!

Bewegung: Vergleichen Sie die verschiedenen Bewegungen zwischen Angriff und Verteidigung. Eine erfolgreiche Bewegung führt dazu, dass die angreifenden Mannschaften ihre Spieler weit außen vorlassen, wobei Mittelfeldspieler und Nummer-10-Spieler versuchen, in die Lücken zwischen den Verteidigungslinien zu gelangen. Mittelstürmer versuchen, die Mittelfeldhälften aufzuteilen und so Lücken zu schaffen, die von ihrem Mittelfeld ausgenutzt werden können.

Im Gegensatz dazu wird man in der Abwehr versuchen, eine Viererkette in einer Reihe und wahrscheinlich eine Fünferkette im Mittelfeld aufrechtzuerhalten. Die Spieler verlassen ihre Position, um Druck auszuüben, und ihre Teamkollegen mischen sich dazu, um sie zu decken.

In einem früheren Kapitel haben wir Fußball mit einer Schachpartie verglichen. Wenn wir die Bewegung beobachten, sehen wir den ständigen taktischen Kampf, auf der einen Seite Raum zu finden und ihn auf der anderen zu verweigern. Für Erwachsene ist das faszinierend, aber für Kinder, die lieber spielen möchten, ist es ein leckeres Gericht, das man am besten in kleinen Portionen serviert.

Erster Kontakt und Schutz des Balls: Dies ist aus mehreren Gründen ein nützlicher Teil des Spiels, den man sich im Fernsehen ansehen kann. Meistens können wir sehen, wie die Fähigkeiten, die Kinder im Training erlernen, in einem Profispiel auf höchstem Niveau in die Tat umgesetzt werden. Wir können Kindern auch zeigen, dass selbst die besten Spieler manchmal etwas falsch machen. Das ist eine nützliche Lektion, um die Widerstandsfähigkeit zu stärken.

Körperhaltung (Verteidigung und Passannahme): Ein Unterschied, den junge Spieler hier bemerken könnten, ist, wie viel körperlicher das Spiel auf der Ebene der Erwachsenen ist. Viele der im Fernsehen gezeigten Ballkontakte würden in einem Juniorenspiel bestraft. Es ist immer schwierig, Kindern dabei zu helfen, eine gute Balance zwischen Körperlichkeit und Fairness zu finden, aber der Fernseher kann jungen Spielern ein Extrem bieten.

Passen: Ein Trainer kann eine Auswahl von Nahaufnahmen von Spielern zusammenstellen, die den Ball passen, und diese als Trainingsinstrument für eine Passübung verwenden.

Entscheidungsfindung: Trainer können Clips zusammenstellen oder Live-Spiele oder Highlights einfrieren und junge Spieler dazu bringen, über die von ihnen getroffenen Entscheidungen zu diskutieren, welche Entscheidungen gut sind und welche falsch eingeschätzt werden. Anschließend können die Clips abgespielt und die Ergebnisse der Entscheidungsfindung besprochen werden.

Mannschaftsaufstellung: Von oben kann man einen großartigen Blick auf die Aufstellung einer Mannschaft werfen, sogar noch besser als von oben in einem Stadion. Auch hier können Trainer ihre eigenen Clips zusammenstellen und einen Quiz erstellen, bei dem sich die Mannschaft eine Formation ansieht und die Aufstellung bespricht, die der Profitrainer verwendet hat. Dies kann eine tolle Aktivität bei einem Treffen zum Saisonende sein oder als Abwechslung zu einer langen Trainingseinheit vor der Saison, bei der die Spieler gelegentlich eine Pause von der körperlichen Arbeit brauchen.

Teamdruck: Das Schwierigste daran, junge Spieler dazu zu bringen, als Team Druck auszuüben, besteht darin, den Spielern das Verständnis zu vermitteln, dass jeder von ihnen eine entscheidende Rolle spielt. Dabei geht es nicht nur darum, dass der Spieler einen

Gegner ausschaltet, sondern auch um den Außenverteidiger auf der gegenüberliegenden Seite des Spielfelds, der sicherstellt, dass sich sein Flügelstürmer bei zwei Pässen nicht in einem gefährlichen Raum wiederfindet. Zu diesem Verständnis kann es hilfreich sein, zu beobachten, wie professionelle Teams den hohen Druck bedienen. Bringen Sie junge Spieler dazu, ihr Pendant in den ausgestellten Profimannschaften zu sehen.

Übergang: Die Geschwindigkeit des Übergangs, die Bewegung der Spieler und das One-Touch-Passspiel machen dies zu einem der aufregendsten Teile des Spiels. Allein das Zuschauen, wie sich das Spieltempo in einem spannenden Tempo verändert, ist ein Riesenspaß. Wenn sie großartigen Spielen zuschauen, sind Kinder engagiert, und wenn sie engagiert sind, lernen sie.

Was wir sagen ist, dass der Trainer die Übergangsphase in Fernsehspielen ablaufen lassen sollte. Vielleicht kommt er oder sie später noch einmal zurück, um die Rollen einzelner Spieler zu besprechen, vermeidet es aber, den Spielfluss zu stören.

Offensive Spielzüge: Es macht großen Spaß zu sehen, wie Übungen, an denen wir in unseren eigenen Trainingseinheiten gearbeitet haben, auf höchstem Spielniveau eingesetzt werden. Wenn es für uns als Trainer und Erwachsene toll ist, dann ist es für Kinder noch spannender.

Defensive Spielzüge: Dito wie oben.

Spielmanagement: Wir haben dies aus einem negativen Grund aufgenommen. Spielmanagement ist eigentlich ein Euphemismus. Es ist eine Art und Weise, wie Profis und Experten negative Spielzüge wegerklären, die darauf abzielen, einen Vorteil zu wahren. Wir möchten, dass unsere jungen Spieler den Sport so genießen, wie er sein sollte, und sich nicht nur darauf konzentrieren, ein Spiel zu gewinnen.

Warum sollte man sich mit 2:1 zufriedengeben, wenn das Ergebnis auch 4:3 sein könnte?

Ein Kapitel für Eltern

Wie können Eltern ihren Kindern helfen, das Beste aus dem Fußball herauszuholen? Hoffentlich sind die Punkte, die wir in dem Buch hervorgehoben haben, diejenigen, die Eltern akzeptieren können.

Grundsätzlich sind wir der Meinung, dass es beim Fußball für junge Menschen darum geht, Fähigkeiten zu entwickeln, die ihnen während ihres gesamten Lebens im Fußball von Nutzen sein werden. Es geht darum, die Freude zu gewinnen, die es mit sich bringt, ein Team zu unterstützen, und sich für die Fanseite des Spiels zu interessieren.

Wir argumentieren, dass die Tätigkeit eines Fußballspielers den jungen Spieler auf das Leben vorbereitet. Die mentale Stärke, die das Spiel verleihen kann, überträgt sich auf viele andere Aspekte der Bewältigung der Herausforderungen des Lebens in der modernen Welt.

Dass die Kameradschaft, Freundschaft und Zusammenarbeit, die auf dem Fußballplatz, im Vereinsheim und vielleicht am allermeisten im Trainingslager herrscht, dazu beitragen, das Leben noch besser zu machen, als es ohnehin schon ist. Vor allem aber haben wir Wert daraufgelegt, dass es Spaß machen soll, einer Fußballmannschaft beizutreten.

Die Vorteile für Eltern

Natürlich melden wir unsere Kinder an, weil sie spielen wollen. Wir sind uns darüber im Klaren, dass wir uns auf absehbare Zeit auf schmutzige Autos und schmutzige Stiefel einlassen. Unser Leben als Taxifahrer für unsere Kinder wird etwas hektischer, wenn das möglich ist. Aber wir tun es gerne, aber es macht unsere Kinder glücklich.

Aber wir können ein wenig egoistisch sein. Auch wir werden davon profitieren, wenn wir Fußball-Mutter oder -Vater werden. Berücksichtigen Sie folgendes:

- Wir haben das Vergnügen, unseren Kindern dabei zuzusehen, wie sie etwas tun, das ihnen Spaß macht. Sport anzuschauen ist an sich schon interessant. Wenn wir ein persönliches Interesse am Spiel haben, ist dies umso mehr der Fall.
- Wir kommen mit einer Gemeinschaft zusammen, die die selben Interessen hat wie wir. Am Rande der Party plaudern, in der Bar ein Bier trinken – das sind sehr vergnügliche Freizeitbeschäftigungen. Zu keinem anderen

Zeitpunkt möchten wir, dass sich unsere Kinder langsamer umziehen oder ihre Stiefel länger wegpacken.
- Wir wissen, dass sich unsere Kinder in einer sicheren Umgebung aufhalten und sinnvolle Übungen machen können.

Aber Freude bringt auch Verantwortung mit sich, und Fußball-Eltern zu sein hat auch seine Herausforderungen. Es lohnt sich durchaus, sich ihnen zu stellen, denn die Vorteile überwiegen bei weitem, aber für frischgebackene Fußballeltern ist es am besten, einen Eindruck von den sanften Wellen in der Ferne auf dem ansonsten vollkommen ruhigen Meer der Sportfreude zu haben.

Unseren Wettbewerbsgeist selbst kontrollieren

Es gibt einen bekannten Ex-Fußballspieler mit Weltruf, der sich jetzt mit Sportpräsentationen beschäftigt. Er hielt die beeindruckende Leistung, weder vom Platz gestellt noch verwarnt worden zu sein. Eine solche Leistung spiegelt seine Fairness und seinen Sportsgeist wider. Sein Ruf als Vorbild und die Präsentation von Fernsehprogrammen vor Millionen Menschen auf der ganzen Welt geben ihm die Möglichkeit, seine Ansichten zu einem breiten Themenspektrum zu äußern. Es ist wahrscheinlich am besten, diese Persönlichkeit nicht beim Namen zu nennen, da wir gleich eine seiner Ansichten ein wenig kritisch sehen werden.

Vor ein paar Jahren postete er, nachdem er seinen eigenen Kindern beim Fußballspielen zugesehen hatte, eine Reihe von Tweets, in denen er seinen Abscheu gegenüber den Eltern am Spielfeldrand zum Ausdruck brachte. Er hat Recht, daran besteht kein Zweifel, aber er hat es wahrscheinlich übertrieben.

Es gibt zweifellos einige Eltern, die sich danebenbenehmen. Was mit ziemlicher Sicherheit zur völligen Verlegenheit ihrer Nachkommen führt. Das sind Eltern, die mehr wissen als der Trainer (vielleicht wissen sie es, aber es ist nicht ihre Aufgabe, es zu zeigen). Sie kritisieren die Leistung des Schiedsrichters. Wir alle machen Fehler. Sogar Schiedsrichter. Aber diese Eltern wissen, dass sie selbst fehlerlos sind (sie kommentieren ihre eigenen kleinen Fehler ironisch) und erwarten von anderen, dass sie ihren Ansprüchen gerecht werden. Sie beschimpfen die Opposition – was schlichtweg unhöflich ist. Sie schreien ihr eigenes Kind an und schädigen so sein Selbstvertrauen und sein Selbstwertgefühl. Am schlimmsten ist vielleicht, dass sie ihre eigene Mannschaft kritisieren, insbesondere wenn ein Mitspieler es versäumt hat, auf den eigenen Nachwuchs zu passen.

Wahrscheinlich sind sie in allen anderen Aspekten ihres Lebens durchaus anständige Menschen, gutherzig und unterstützend.

(Eigentlich sagen wir das nur. Viele Personen dieser Art schikanieren andere in ihrem weiteren Leben ebenso wie sie es vom Rande tun. Aber nicht alle. Für einige gibt es Hoffnung. Und wir wissen nicht, wer dieses Buch lesen könnte). Doch wenn sie den Sportplatz erreichen, übernimmt sie etwas, wie ein böser Geist, der größtenteils in Schach gehalten wird. Dieser Dämon ist ihr eigener übermäßig wettbewerbsorientierter Charakter. Er macht sie blind für die Realität; er nimmt ihnen die Hemmungen, die sie normalerweise nie dazu bringen würden, ein unbekanntes Kind oder einen völlig Fremden zu beschimpfen. Er bringt sie in jeder Hinsicht in Verlegenheit, außer in ihren eigenen Augen.

Unsere namenlose Sportikone ging zu weit. Er schlug vor, dass Eltern bei einem Spiel nur klatschen sollten. Dass die überwältigende Mehrheit nicht wusste, wie man sich benehmen sollte. Er hat Unrecht. Meistens. Aber so schwer es auch zu sagen ist: Wenn wir der Elternteil – die Mutter oder häufiger der Vater – sind, der ein elterlicher Hooligan ist, dann müssen wir das erkennen und etwas dagegen unternehmen. Wir sind es dem unbezahlten Trainer schuldig, der bereitwillig seine Zeit schenkt; dem Schiedsrichter, ohne den das Spiel nicht stattfinden könnte. Wir sind es den Spielern und unserem eigenen Kind schuldig.

Vortrag beendet. Puh. Aber es musste gesagt werden.

Definieren von Zielen und Vorgaben

Wir haben festgestellt, dass Gewinnen ein angenehmer Nebeneffekt von Engagement, Übung, Teamarbeit, Belastbarkeit, Geschick usw. ist. Wenn wir uns mit unseren Kindern Ziele setzen, sind es also die Aspekte des Fußballs – des Sports – des Lebens, die wir fördern.

Ziele im Fußball unterscheiden sich kaum von Zielen im Leben. Die besten sind klein und erreichbar und kein entfernter, verschwommener Fleck am Horizont. Beispielsweise ist das Passen mit einem schwächeren Fuß spezifisch; Mit 8 Jahren in die regionale U15-Mannschaft zu kommen, ist nicht der Fall.

Für Kinder kann es schwierig sein, sich solch ein spezifisches Ziel auszudenken. Wenn Sie ihnen beibringen, auf diese Weise zu denken, können sie sich realistische Ziele im Leben setzen, nicht nur im Fußball.

Ziele sollten messbar sein. „Ich werde gut spielen" ist also schwer zu beurteilen. Die Definition „gut" erfordert einen Kontext, anhand dessen sie beurteilt werden kann. Allerdings lässt sich die Aussage „Ich werde den Ball in drei Vierteln aller Fälle genau spielen" leicht im Auge behalten.

Außerdem sollten sie erreichbar sein. So verlockend es für ein Kind auch sein mag, für sein Land spielen zu wollen, so kommt es doch nicht oft vor. Das ist ein Traum, kein Ziel. Es ist in Ordnung, Träume zu haben. Aber wir messen nicht ihren Erfolg. Ein erreichbares Ziel wäre, dass ein Spieler hart an seiner Fitness arbeitet, damit er in den letzten zehn Minuten eines Spiels noch Box-zu-Box-Läufe schafft.

Natürlich muss ein Ziel relevant sein. Auch hier fällt es jüngeren Kindern oft schwer, ihr Denken relevant zu strukturieren. „Ich bekomme ein T-Shirt mit MESSI auf dem Rücken" ist ein Ziel und könnte erreicht werden. Allerdings wird es den Fußballfähigkeiten dieses Kindes nicht viel bringen.

Schließlich müssen Ziele einen Endpunkt haben. „Bis Weihnachten werde ich in Spielen zehn Schlüsselpässe gemacht haben" ist ein messbares Ziel.

Spezifisch

Messbar

Erreichbar

Relevant

Zeit gebunden

Das sind, wie wir sehen können, KLUGE Ziele. Es ist viel besser, ein KLUGes Ziel zu haben als ein dummes. Indem wir unseren Kindern dabei helfen, sich kluge Ziele für den Fußball zu setzen, für den sie hochmotiviert sind, erhalten sie einen praktischen Vorsprung bei der Festlegung von Zielen für ihr Studium und für andere Bereiche des Lebens, die möglicherweise sogar wichtiger sind als Fußball. (Wenn so etwas möglich ist).

Nützlicher Hinweis: Der große Bill Shankly sagte einmal: „Manche Leute glauben, dass es beim Fußball um Leben und Tod geht." Ich bin sehr, sehr enttäuscht von dieser Einstellung. Ich kann Ihnen versichern, dass es weitaus wichtiger ist als Leben oder Tod.

,

Erwartungen

Haben Sie schon einmal ein Rugby-Union-Spiel gesehen? Als Sport erfreut er sich in den USA wachsender Beliebtheit und erfreut sich in Kanada großer Beliebtheit, obwohl er in der östlichen Hemisphäre, insbesondere in der Antipodenregion und Nordeuropa, nach wie vor am beliebtesten ist.

Es ist ein kompliziertes Spiel, aber sehr unterhaltsam. Wenn Sie die Möglichkeit haben, die Kabelkanäle zu durchsuchen und einen passenden Sender zu finden, wird sich die Zeit und Mühe auf jeden Fall lohnen. Hören Sie zu, wenn eine Strafe verhängt wird und ein Spieler in Schwierigkeiten ist. Antworten? Niemals. In der Tat, wenn man einem haarigen Unmenschen dabei zusieht, wie er zu dem ohrenbetäubenden Lärm des Mannes mit der Trillerpfeife ein sanftmütiges „Ja, alles klar" von sich gibt.

Das sieht man im Fußball nicht, und das ist schade.

Aber indem wir unsere Kinder dazu erziehen, eine Entscheidung zu respektieren und zu akzeptieren, verbreiten wir guten Sportsgeist. Dazu gibt es einiges zu sagen.

Die Bedeutung der Praxis

Normalerweise ist es nicht schwierig, Kinder für Spiele fit zu machen, wöchentliche Trainingseinheiten können eine andere Sache sein. Allerdings sorgt ein guter Trainer dafür, dass die Einheiten Spaß machen und im Verein eine gute Stimmung herrscht. Die alten Tom Sawyer-Werte, bei denen Trainer den von ihnen betreuten Jugendlichen Angst einjagten, sind längst vorbei.

Sicherlich gibt es diejenigen, die den Mangel an Härte beklagen, die solche Regime einst vermittelt haben. Aber sie sind in der Regel diejenigen, die gut auf diese Art von Training durch Niedermachen reagierten und am Ende erfolgreich waren. Für jede Erfolgsgeschichte wie die ihre gibt es unzählige andere Spieler, die das Spiel aufgegeben haben, weil der Druck zu groß oder die Trainingseinheiten zu negativ wurden.

Allerdings gibt es Zeiten, in denen andere Attraktionen mehr als neunzig Minuten entspanntes Training erfordern. Den Eltern fällt dabei eine schwierige, aber notwendige Aufgabe zu, sicherzustellen, dass ihre Kinder ihren Verpflichtungen nachkommen. Diese Loyalität ist eine Lebenskompetenz, die ihnen beim Eintritt in die Erwachsenenwelt von Nutzen sein wird.

Umgang mit Misserfolg und Enttäuschung

Wir reden hier über das Versagen und die Enttäuschung unserer Kinder, nicht über das der Eltern! Kinder sind hartes Zuckerwerk. Im Halbfinale eines großen Turniers ausgeschieden und das Spiel um Platz drei im Elfmeterschießen verloren. Schlimmer geht es nicht. Es kann sein, dass die Spieler für eine Weile ausfallen. Manchmal, gerade bei jungen Mannschaften, kann es sogar zu ein paar Tränen kommen.

Aber zehn Minuten später hüpfen sie ganz normal herum. Auf dem langen Heimweg ist es im hinteren Teil des Busses genauso laut wie immer, da die kreischenden Stimmen einfach weitermachen. Der Trainer könnte verpasste Gelegenheiten und Chancen bereuen, aber es ist unwahrscheinlich, dass seine Mannschaft dies tun wird. Weil es uns Spaß macht, Kinder zu trainieren – und junge Menschen sind sehr, sehr gut darin, die Dinge im Blick zu behalten.

Das ist richtig. Entgegen den Worten von Bill Shankly ist Fußball nicht wichtiger als Leben und Tod. Es macht Spaß. Es handelt sich um eine Sportart, die aus Freude am Laufen und Ballschießen und beim Zusammensein mit Teamkollegen ausgeübt wird.

Es sollte also nicht wirklich darum gehen, mit Misserfolgen und Enttäuschungen umzugehen. Wo dies der Fall ist, wurden diese Emotionen aller Wahrscheinlichkeit nach von Trainern oder Eltern selbst erfahren.

Stattdessen kann Misserfolg als nächster Schritt zum Erfolg gesehen werden, Enttäuschung als Chance, die nächsten guten Zeiten noch besser zu erleben. Mit anderen Worten: Eine positive Einstellung erzeugt Positivität.
Eine weitere Lektion fürs Leben.

Schlussfolgerung

Kindern den Fußball näher zu bringen, ist eine wertvolle und lohnende Aufgabe. Wir sind vielleicht ein Trainer und opfern unsere Zeit und Energie, um einer Gruppe von Jugendlichen die Chance zu geben, einen Sport auszuüben, der sie fit macht, auf das Leben vorbereitet und ihnen jede Menge Spaß bietet. Oder ein Elternteil, der mit seinen Kleinen eine Runde im Park spielt, dafür sorgt, dass ihre Stiefel und Schienbeinschoner sauber und einsatzbereit sind, und Autos voller energiegeladener Jugendlicher durch den Staat fährt. Vielleicht sind wir Lehrer und möchten unseren Klassen die Möglichkeit geben, Fußball zu spielen.

In jedem Fall wird sich die Zeit, die wir investieren, mehr als lohnen. In diesem Buch haben wir Trainertipps und Übungen zu wichtigen Aspekten des Fußballs gegeben. Angriff, Verteidigung, Passspiel und Dribbling. Diese Geschicklichkeitstrainings sind speziell auf junge Spieler zugeschnitten und berücksichtigen deren körperliche und emotionale Entwicklung.

Wir haben untersucht, wie das Fernsehen jungen Spielern helfen kann, indem es sie mit den besten Spielern und größten Experten der Welt bekannt macht. Wie es die Begeisterung fördern kann, indem man die Lieblingsmannschaft oder den Lieblingsspieler zu sich nach Hause holt. Das Fernsehen kann jungen Fans und Teilnehmern die Spannung eines auf höchstem Niveau gespielten Spiels vermitteln, und zwar nicht nur durch Spiele, sondern auch durch die fachmännische Analyse der Leistungen nach dem Spiel.

Auch Videoclips auf Seiten wie YouTube können junge Spieler inspirieren und weiterbilden.

Wir haben uns mit der wichtigen Rolle der Eltern befasst und sind uns darüber im Klaren, wie wichtig es ist, unsere Kinder zu unterstützen, ohne durch ihre Bemühungen unsere eigenen Träume zu verwirklichen.

Vor allem haben wir gesehen, dass unsere Jugendlichen durch die Einbindung in den Fußball Lektionen und Disziplinen lernen, die weit über die Seitenlinien eines Fußballplatzes hinausgehen. Dabei handelt es sich um Fähigkeiten und Kompetenzen, die ihnen dabei helfen, gute Beziehungen aufzubauen und aufrechtzuerhalten und im Erwachsenenalter oder im Studium und im Berufsleben erfolgreich zu sein.

Wir haben untersucht, wie wichtig es ist, zu verstehen, wie sich Kinder emotional und körperlich entwickeln, und wie diese die Übungen, die wir durchführen, und die Art und Weise, wie wir mit heranwachsenden Kindern umgehen, beeinflussen. Vor allem haben wir versucht zu betonen, wie wichtig es ist, dass Fußball Spaß macht. Es macht von Natur aus großen Spaß, diesem Sport zuzuschauen und noch mehr, ihn zu spielen. Aufgrund der Einfachheit des Spiels ist er perfekt für junge Leute geeignet.

Die Form des Fußballs mit runden Bällen erfreut sich in den USA sowohl bei Jungen als auch bei Mädchen immer größerer Beliebtheit. Hoffen wir, dass wir zu diesem Wachstum beitragen und dem Sportleben des Landes und seiner wichtigsten Menschen – der Jugend – ein weiteres Stück beitragen können.

Das Ende...fast!

Bewertungen sind nicht leicht zu bekommen.

Als unabhängiger Autor mit einem winzigen Marketingbudget bin ich darauf angewiesen, dass Leser wie Sie eine kurze Rezension auf Amazon hinterlassen.

Auch wenn es nur ein oder zwei Sätze sind!

Wenn Ihnen das Buch gefallen hat, dann bitte...

>> Klicken Sie hier, um eine kurze Rezension auf Amazon zu hinterlassen.

Ich bin sehr dankbar für Ihre Bewertung, da sie wirklich einen Unterschied macht. Ich danke Ihnen von ganzem

Herzen, dass Sie dieses Buch gekauft und es bis zum Ende gelesen haben.

www.ingramcontent.com/pod-product-compliance
Lightning Source LLC
Chambersburg PA
CBHW050249120526
44590CB00016B/2278